Direito Processual Civil

TEORIA

1ª Edição – 2009

Dados Internacionais de Catalogação na Publicação (CIP)
(Câmara Brasileira do Livro, SP, Brasil)

Lima, Ivan
   Direito processual civil : teoria / Ivan Lima, Tiago Silva. -- 1. ed. -- São Paulo : Ícone, 2009. -- (Coleção para facilitar o direito / coordenação Gleide Pretti)

   Bibliografia.
   ISBN 978-85-274-1046-5

   1. Processo civil 2. Processo civil - Brasil I. Silva, Tiago. II. Pretti, Gleibe. III. Título. IV. Série.

09-05648   CDU-347.9(81)

Índices para catálogo sistemático:

1. Brasil : Direito processual civil
   347.9(81)

Gleibe Pretti Coordenador

Ivan Lima
Tiago Silva

DIREITO PROCESSUAL CIVIL

TEORIA

1ª Edição – 2009

© Copyright 2009
Ícone Editora Ltda.

Projeto Gráfico de Capa e Diagramação
Rodnei de Oliveira Medeiros

Revisão
Rosa Maria Cury Cardoso

Proibida a reprodução total ou parcial desta obra, de qualquer forma ou meio eletrônico, mecânico, inclusive através de processos xerográficos, sem permissão expressa do editor. (Lei nº 9.610/98)

ÍCONE EDITORA LTDA.
Rua Anhanguera, 56 – Barra Funda
CEP: 01135-000 – São Paulo/SP
Fone/Fax.: (11) 3392-7771
www.iconeeditora.com.br
iconevendas@iconeeditora.com.br

Apresentação

Gleibe Pretti
Coordenador

Advogado, Professor de Direito
e Processo do Trabalho

Ivan Lima

Advogado - Sócio do escritório Cordeiro, Lima e Advogados, Ex-assessor jurídico do Tribunal de Justiça do Estado de São Paulo, Pós-graduado em Direito Processual Civil pela PUC-SP, Professor de cursos preparatórios para carreiras jurídicas

Tiago Silva

Advogado Pós-graduado em Direito Contratual pela Escola Paulista de Direito, Graduado pela Universidade Presbiteriana Mackenzie, Professor de cursos preparatórios para carreiras jurídicas

Dedicatórias

Ivan

Ao meu sócio Leonardo Cordeiro. À minha enorme e amada família: Renata, Marlize, Kadu, Priscila, José, Lucas, Everaldo e Nadir. Aos meus queridos alunos,

Tiago

Ao grande amigo Ivan Lima. À minha família pelo apoio incondicional. Aos bons amigos André, Leonardo, Maury, Omar, Rodrigo, Flávio e Felipe.

SUMÁRIO

Capítulo 1
JURISDIÇÃO, 15
1.1. Princípios Inerentes à Jurisdição, 15
1.2. Características da Jurisdição, 16

Capítulo 2
AÇÃO, 17
2.1. Condições da Ação, 17
2.2. Elementos da Ação, 18
2.3. Classificação das Ações, 18

Capítulo 3
SUJEITOS DO PROCESSO, 21
3.1. Partes, 21
3.2. Capacidade de ser Parte, 22
3.3. Capacidade Postulatória, 22
3.4. Os deveres das Partes, 22
3.5. Do Advogado, 22
3.6. O Ministério Público e o Juiz, 23

Capítulo 4
COMPETÊNCIA, 25
4.1. Critérios definidos pelo Código de Processo Civil, 26
4.2. Competências Absoluta e Relativa, 27
4.3. Aspectos Gerais, 28

Capítulo 5
LITISCONSÓRCIO, 29
5.1. Litisconsórcio Multitudinário, 30

Capítulo 6
INTERVENÇÃO DE TERCEIROS, 31
6.1. Assistência, 31
6.2. Oposição, 32
6.3. Nomeação à Autoria, 32
6.4. Denunciação da Lide, 33
6.5. Chamamento ao Processo, 34

Capítulo 7
ATOS PROCESSUAIS, 35
7.1. Dos Atos Praticados pelo Juiz, 36
7.2. Tempo e Lugar dos Atos Processuais, 36
7.3. Preclusão, 36
7.4. Da Realização dos Atos Processuais, 37
7.5. Comunicação dos Atos Processuais, 39
7.6. Valor da Causa, 40

Capítulo 8
FORMAÇÃO, SUSPENSÃO E EXTINÇÃO DO PROCESSO, 43
8.1. Formação do Processo, 43
8.2. Suspensão do Processo, 43
8.3. Extinção do Processo, 44

Capítulo 9
PROCESSO DE CONHECIMENTO, 47
9.1. Tutela Antecipada, 47
9.2. Tutela Específica, 48

Capítulo 10
PROCEDIMENTO SUMÁRIO, 49

Capítulo 11
PROCEDIMENTO ORDINÁRIO, 51
11.1. Petição Inicial, 51
11.2. Da Citação, 54

Capítulo 12
DA RESPOSTA DO RÉU, 57
12.1. Da Revelia, 59
12.2. Do julgamento conforme o estado do processo, 59
12.3. Do saneamento do processo, 60

Capítulo 13
DAS PROVAS, 61
13.1. Depoimento Pessoal, 62
13.2. Documentos, 62
13.3. Testemunhas, 63
13.4. Provas periciais, 64
13.5. Inspeção Judicial, 64
13.6. Audiência de instrução e julgamento e sentença, 65

Capítulo 14
SENTENÇA, 67

Capítulo 15
COISA JULGADA, 69

Capítulo 16
LIQUIDAÇÃO DE SENTENÇA, 71

Capítulo 17
CUMPRIMENTO DE SENTENÇA, 75
17.1. Cumprimento de Sentença relativas às Obrigações de Fazer e Não Fazer, 76
17.2. Cumprimento de Sentença relativas às Obrigações de Dar Coisa Certa e Incerta, 76

17.3. Cumprimento de Sentença para pagamento de quantia certa, 77

Capítulo 18
AÇÃO RESCISÓRIA, 83

Capítulo 19
RECURSOS, 87
19.1. Teoria Geral dos Recursos, 87
19.2. Admissibilidade dos Recursos, 89
19.3. Efeitos dos Recursos, 90
19.4. Legitimidade recursal, 91
19.5. Renúncia e Desistência, 91
19.6. Prazos para recorrer, 92
19.7. Preparo Recursal, 92

Capítulo 20
RECURSO ADESIVO, 93

Capítulo 21
APELAÇÃO, 95

Capítulo 22
AGRAVO, 99

Capítulo 23
EMBARGOS INFRINGENTES, 105

Capítulo 24
EMBARGOS DE DECLARAÇÃO, 107

Capítulo 25
RECURSO ORDINÁRIO CONSTITUCIONAL, 109

Capítulo 26
RECURSOS EXTRAORDINÁRIO E ESPECIAL, 111
26.1. Súmula Vinculante, 113
26.2. Repercussão Geral, 114
26.3. Recursos Repetitivos, 116
26.4. Efeitos dos Recursos Extraordinário e Especial, 117

Capítulo 27
EXECUÇÃO, 119
27.1. Títulos Executivos Extrajudiciais, 121
27.2. Fraude Contra Credores e Fraude à Execução, 123

Capítulo 28
EXECUÇÃO DE TÍTULO EXTRAJUDICIAL, 125
28.1. Execução por quantia certa contra devedor solvente, 126
28.2. Penhora, 127
28.3. Avaliação, 131
28.4. Expropriação de Bens, 132
28.5. Adjudicação, 132
28.6. Alienação por iniciativa particular, 133
28.7. Alienação em hasta pública, 133
28.8. Usufruto de bem móvel ou imóvel, 133
28.9. Pagamento ao credor, 134
28.10. Embargos do Devedor, 134

Capítulo 29
PROCESSO CAUTELAR, 137
29.1. Características do Processo Cautelar, 138
29.2. Poder Geral de Cautela, 139
29.3. Diferença entre a tutela cautelar e a tutela antecipada, 140
29.4. Classificação das Cautelares, 140
29.5. Cautelar de Arresto, 142
29.6. Cautelar de Sequestro, 144
29.7. Cautelar de Busca e Apreensão, 145
29.8. Cautelar de Produção Antecipada de Provas, 146

Capítulo 30
  PROCEDIMENTOS ESPECIAIS, 149
   30.1. Ação de Consignação em Pagamento, 149
   30.2. Ações Possessórias, 151
   30.3. Embargos de Terceiro, 153
   30.4. Ação Monitória, 155

  BIBLIOGRAFIA, 157

Capítulo 1
JURISDIÇÃO

O Estado, ao identificar as diversas relações jurídicas estabelecidas na sociedade e sabedor de que delas poderiam surgir conflitos entre seus sujeitos, define através da função legislativa a ordem jurídica[1], fixando de forma preventiva e hipotética as normas que regerão os mencionados conflitos.

Assim, a jurisdição nada mais é do que *"...uma das funções do Estado, mediante a qual este se substitui aos titulares dos interesses em conflito para, imparcialmente, buscar a pacificação do conflito que os envolve, com justiça..."*[2]

1.1. PRINCÍPIOS INERENTES À JURISDIÇÃO

São princípios inerentes à jurisdição:

a) **Investidura:** A jurisdição, para ser exercida, pressupõe a necessária investidura de alguém na condição de juiz.

b) **Aderência** ao território – O juiz tem sua atividade restrita a determinado território, sua autoridade está sujeita aos limites do território definido por lei.

c) **Indelegabilidade** – O juiz não pode delegar a função da jurisdição que lhe foi outorgada pelo Estado.

d) **Inevitabilidade** – As partes, independentemente de sua vontade, estão sujeitas à autoridade estatal exercida por meio da jurisdição, ou seja, uma vez provocado o Poder Judiciário, não se pode evitar a jurisdição.

---

1 LIEBMAN, *Manuale de Diritto Processuale Civile*, ristampada 2ª ed., 1968, v. I, nº 1, p. 3.
2 DINAMARCO, Cândido Rangel, et al., *Teoria Geral do Processo*, São Paulo: Malheiros, 15ª edição, p. 129.

e) **Inafastabilidade** – É a garantia de que todos devem ter acesso ao Poder Judiciário (art. 5º, inc. XXXV, da CF/88 – Garantia do acesso à justiça).
f) **Juiz Natural** – Assegura que ninguém pode ser privado de julgamento por juiz independente e imparcial. É a proibição dos Tribunais de Exceção (art. 5º, inc. XXXVII, da CF/88).

1.2. CARACTERÍSTICAS DA JURISDIÇÃO

São características da jurisdição:

a) **Substitutividade** ou Atividade Secundária: "...o Estado substitui, com uma atividade sua, as atividades daqueles que estão envolvidos no conflito trazido à apreciação"[3]. Exerce, portanto, atividade que deveria ter sido primariamente praticada pelos indivíduos de forma pacífica.
b) **Instrumentalidade:** Diz-se que a jurisdição é instrumental porque nada mais faz do que "dar atuação prática às regras do direito, nada mais é a jurisdição do que um instrumento de que o próprio direito dispõe para impor-se à obediência dos cidadãos"[4].
c) **Imparcialidade:** A jurisdição deve ser uma atividade desinteressada do conflito, visto que põe em prática a vontade concreta da lei, que não se dirigem ao órgão jurisdicional, mas aos sujeitos da relação jurídica substancial deduzida em juízo.
d) **Inércia:** Nenhum juiz prestará a tutela jurisdicional, senão e quando a parte ou o interessado a requerer, entretanto, após iniciado o processo, todos os demais atos se desenvolvem por impulso oficial (arts. 2º e 262, do CPC).
e) **Definitividade:** A definitividade é a característica de tornar imutável a jurisdição após validamente prolatada, com vistas à segurança jurídica do jurisdicionado, de que não mais terá que discutir aquela questão. A essa imutabilidade dá-se o nome de coisa julgada, que é constitucionalmente prevista, no inc. XXXVI, do art. 5º da CF/88.

---

3 CHIOVENDA, Giuseppe. *Princípios de Derecho Procesal Civil*. Jose Casais y Santaló (trad.) Madrid Reus, 2000, t. 1, pp. 373 e segs.
4 LIEBMAN, *Manuale di Diritto Processuale Civile*, ristampada 2ª ed., 1968, v. I, nº 1, p. 5.

Capítulo 2
AÇÃO

Ação é o poder de exigir o exercício da atividade jurisdicional. É pelo direito de ação que se provoca a jurisdição[5].

2.1. CONDIÇÕES DA AÇÃO

São as condições que o interessado à tutela jurisdicional deve preencher, como requisitos de admissibilidade para o julgamento do mérito da ação[6]. São elas:

a) **Possibilidade jurídica do pedido** – O pedido formulado pela parte necessita de pertinência mínima, para que possa ao menos ser apreciado pelo Poder Judiciário. Ex.: Não é possível a cobrança de dívida de jogo (art. 814, do CC).
b) **Interesse de agir** – É imprescindível que a tutela jurisdicional pleiteada seja adequada e necessária.
c) **Legitimidade** *ad causam* – O sujeito que requereu a atividade jurisdicional tem que ser o efetivo titular do direito material subjetivo, cuja exceção seria a legitimação extraordinária, expressamente prevista no art. 6º, do CPC[7]. Obs.: a legitimidade pode, ainda, ser classificada como ordinária quando o titular do direito material e o legitimado a estar em juízo são o mesmo indivíduo. E extraordinária, quando houver dois sujeitos, um como titular

---

5   DINAMARCO, Cândido Rangel, *et al.*. *Teoria Geral do Processo*, São Paulo: Malheiros, 24ª edição, 2008, p. 267.
6   LIMA FREIRE, Rodrigo da Cunha. *Condições da Ação – Enfoque sobre o interesse de agir*, São Paulo: RT, 2ª edição, 2001, p. 62.
7   DINAMARCO, Cândido Rangel, *et al.*. *Teoria Geral do Processo*, São Paulo: Malheiros, 24ª edição, 2008, p. 276/279.

do direito material e outro que tem a legitimidade de estar em juízo (art. 6º, do CPC).

2.2. - ELEMENTOS DA AÇÃO

São elementos capazes de diferenciar uma ação de outra, individualizando cada processo e, por sua vez, a própria tutela jurisdicional. São eles (art. 301, § 2º, do CPC):

a) **Partes** – São os sujeitos ativo e passivo da demanda.
b) **Causa de pedir** – São as razões pelas quais se está buscando a tutela jurisdicional, são as causas que o Autor entende que configuram seu direito pleiteado no pedido.
c) **Pedido** – É o que se pleiteia na ação, a pretensão propriamente dita. Obs.: o pedido pode ser mediato, que consiste no próprio bem da vida perseguido, ou imediato que está ligado à espécie do provimento que se requer (Ex.: Condenatório, declaratório, constitutivo etc.).

2.3. CLASSIFICAÇÃO DAS AÇÕES

As ações podem ser de conhecimento, execução e cautelar, de acordo com o tipo de provimento jurisdicional que se busca.

Vale ressaltar, que, após a vigência da Lei nº 11.232/05, com a introdução do denominado "Cumprimento de Sentença" ao Código de Processo Civil, houve significativa mudança nessa classificação, porquanto, atualmente, as execuções de título judicial foram remanejadas para o Livro I (Processo de Conhecimento), do CPC e, portanto, com a denominação de "cumprimento de sentença", tornaram-se mais uma atividade no próprio processo de conhecimento e não via execução autônoma.

Atualmente, o Livro II (Processo de Execução), do CPC se limita a tratar do processo de execução de títulos executivos extrajudiciais.

a) **Conhecimento:** Trata-se da ação que busca o pronunciamento do juiz, que pelo intermédio da sentença, declara, entre as partes, quem tem razão e quem não tem. A ação de conhecimento desdobra-se em:

I – Condenatória: nesta ação busca-se não só a declaração de um direito como também a determinação de uma sanção que será imposta ao Réu.

II – Constitutiva: nesta ação busca-se, além da declaração do direito da parte, a criação, modificação ou extinção de um estado ou relação material.

III – Declaratória: nesta ação busca-se apenas a declaração de existência ou inexistência de uma relação jurídica, ou de autenticidade ou falsidade de um documento.

c) **Execução:** É o processo através do qual o órgão jurisdicional obtém a efetivação de suas ordens ou através de títulos executivos extrajudiciais.

b) **Cautelar:** Trata-se de ação na qual se busca a preservação de um direito, seja ele relacionado a bens, pessoas ou provas.

Ainda existem algumas outras classificações, como as Mandamentais, que tem a característica principal de ordem.

Este tipo de ação pretende auxiliar, subsidiar o adequado desenvolvimento das outras duas funções jurisdicionais (conhecimento e execução).

Capítulo 3
SUJEITOS DO PROCESSO

3.1. PARTES

São partes do processo aquele que pede (autor) e aquele em face de quem se pede (réu) a tutela jurisdicional[8]. Além dos sujeitos efetivamente envolvidos com a demanda haverá outros diversos indivíduos que podem vir a atuar no processo e, portanto, devem ser considerados. São eles:

a) os auxiliares da justiça;
b) os litisconsortes;
c) os que ingressam via intervenção de terceiros;
d) o advogado, e
e) o Ministério Público[9].

Com relação às partes, é necessário, também, que estejam legitimadas a participar do processo. Referida legitimidade pode ser:

a) a legitimidade *ad causam*, que decorre do direito material discutido no processo;
b) a legitimidade *ad processum* que, em geral, é o mesmo legitimado *ad causam* (titular da pretensão), mas pode ser outra pessoa como, por exemplo, no caso de substituição processual (art. 6º. do CPC).

---

[8] NERY JR, Nelson; NERY, Rosa Maria de Andrade. *Código de Processo Civil Comentado e Legislação Extravagante*. São Paulo: Revista dos Tribunais, 10ª ed., 2007, nota 1, p. 187.
[9] DINAMARCO, Cândido Rangel, *et al. Teoria Geral do Processo*, São Paulo: Malheiros, 15ª edição, 1999, pp. 292/299.

3.2. CAPACIDADE DE SER PARTE

A capacidade de ser parte está ligada à pessoa capaz de direitos e obrigações no âmbito civil (art. 1º, do CC).

É a denominada capacidade de direito, que implica na capacidade de ser parte, ou seja, tem capacidade de ser parte, quem tem capacidade de direito. Já a capacidade processual é tida como pressuposto processual de validade (art. 267, inc. IV, do CPC).

Significa dizer que nem todos os sujeitos capazes de ser parte, têm necessariamente capacidade processual. Exemplo disso, pode-se citar os absolutamente e relativamente incapazes (arts. 3º e 4º, do CC) que apesar de capacidade de direito, não têm capacidade processual, devendo ser representados ou assistidos no processo (art. 8º, do CPC).

Com relação à capacidade não podemos confundir capacidade processual, que é a aptidão para ser parte, com capacidade postulatória, que é a aptidão para realizar os atos do processo de maneira eficaz.

3.3. CAPACIDADE POSTULATÓRIA

Considerando-se que o processo decorre da lei e seu manuseio, em regra, demanda conhecimento técnico apurado, o art. 36, do CPC, determina que somente o advogado legalmente habilitado poderá atuar em juízo, representando os interesses das partes.

Entretanto, há exceções em que não será necessária a representação por alguém que detenha capacidade postulatória. A saber:

a) Quando postular em causa própria;
b) Quando faltar advogado na localidade e os que existam tenham recusado o mister e,
c) Nas causas do Juizado Especial Cível, que não ultrapassarem 20 salários mínimos (art. 9º, da Lei 9.099/95).

3.4. OS DEVERES DAS PARTES

As partes têm a faculdade de praticar todos os atos necessários à demonstração de seu direito, seja agindo, na qualidade de autor, ou se defendendo, na qualidade de réu. São deveres das partes (art. 14, do CPC):

a) expor os fatos em juízo conforme a verdade;
b) proceder com lealdade e boa-fé;
c) não formular pretensões, nem alegar defesa, cientes de que são destituídas de fundamento;
d) não produzir provas, nem praticar atos inúteis ou desnecessários à declaração ou defesa do direito; e
e) cumprir com exatidão os provimentos mandamentais e não criar embaraços à efetivação de provimentos judiciais, de natureza antecipatória ou final.

3.5. DO ADVOGADO

O advogado, no processo, detém poderes para (art. 40, do CPC):

a) examinar, em cartório de justiça e secretaria de Tribunal, autos de qualquer processo, salvo os que se tratar de segredo de justiça (art. 155, do CPC);
b) requerer, como procurador, vista dos autos de qualquer processo pelo prazo de 5 dias e,
c) retirar os autos do cartório ou secretaria, pelo prazo legal, sempre que lhe competir falar neles por determinação do juiz.

O art. 7º, da Lei nº 8.906/94 (Estatuto da OAB) enumera, ainda, outros vários direitos do advogado.

3.6. O MINISTÉRIO PÚBLICO E O JUIZ

O Ministério Público tem suas funções constitucionalmente descritas, no art. 129, da CF. Pode atuar no processo como parte, caso em que atuará com legitimidade extraordinária (defende em nome próprio, direito de terceiros), mas com os mesmos direitos e ônus das partes (art. 81, do CPC).

Poderá também intervir como fiscal da lei (art. 82, do CPC), caso em que terá vistas dos autos e será intimado de todos os atos do processo, bem como poderá juntar documentos e certidões, inclusive, produzir provas em audiência, tudo com vistas ao descobrimento da verdade (art. 83, do CPC).

Ao juiz cabe a direção do processo, sem declinar do julgamento alegando lacuna ou obscuridade da lei (art. 126, do CPC), assegurando as partes igualdade de tratamento, velando pela rápida solução do litígio, prevenindo e reprimindo qualquer ato contrário à justiça, bem como, tentando, a qualquer tempo, a conciliação entre as partes (art. 125, do CPC).

Ao juiz cabe, ainda, após provocado, dar continuidade ao processo por impulso oficial (art. 262, do CPC), da maneira mais rápida e econômica que puder, sem esquecer dos princípios do contraditório e da ampla defesa. Ademais, o juiz responderá por perdas e danos quando (art. 133, do CPC):

a) no exercício de suas funções, proceder com dolo ou fraude;
b) recusar, omitir ou retardar, sem justo motivo, providência que deva ordenar de ofício, ou a requerimento da parte.

Capítulo 4
COMPETÊNCIA

A competência é justamente o critério de distribuir entre vários órgãos judiciários as atribuições relativas ao desempenho da jurisdição[10].
A competência pode ser internacional ou interna.
No que tange à competência internacional, pode ser: concorrente (art. 88, do CPC) ou exclusiva do Brasil (art. 89, do CPC).
A competência concorrente ocorre quando para uma mesma hipótese seja competente tanto a justiça brasileira quanto a estrangeira.
Dar-se-á a competência concorrente quando (art. 88, do CPC):

a) o réu, qualquer que seja sua nacionalidade, estiver domiciliado no Brasil;
b) no Brasil tiver de ser cumprida a obrigação; e
c) a ação se originar de fato ocorrido ou de ato praticado no Brasil.

Nas hipóteses de conflito entre duas sentenças (uma brasileira e outra estrangeira), deve-se levar em conta o critério temporal: prevalece a primeira. Mas, para que uma sentença estrangeira seja considerada existente no Brasil, é indispensável que ela tenha sido homologada pelo STJ (art. 105, I, "i", da CF/88).
Assim, é correto dizer que não há litispendência em processos que tramitam simultaneamente no exterior e no Brasil (art. 90, do CPC).
Haverá exclusividade da justiça brasileira para julgar as ações relativas a imóveis situados no Brasil, bem como quando se tratar de inventário e partilha de bens situados no Brasil, ainda que o autor da

---

10 THEODORO JUNIOR, Humberto. Manual de Direito Processual Civil, apud ARRUDA ALVIM, Eduardo. Curso de Direito Processual Civil – Vol. 1, São Paulo: RT, 1ª edição, 2ª tiragem, 2000, p. 89.

herança seja estrangeiro e tenha residido fora do território nacional (art. 89, do CPC).

Já a competência interna, que estabelece as hipóteses de competência dentro do território nacional é subdividida em:

a) competência territorial;
b) competência em relação à matéria;
c) competência funcional; e
d) competência pelo valor da causa.

Por fim, as competências podem ser relativas ou absolutas, que são determinadas de acordo com o interesse público ou privado na manutenção de determinado foro como sendo o competente.

4.1. CRITÉRIOS DEFINIDOS PELO CÓDIGO DE PROCESSO CIVIL

CRITÉRIO TERRITORIAL:

A competência territorial é aquela que indica qual a comarca ou seção judiciária onde deve ser proposta a demanda. Trata-se de competência relativa e, portanto, em regra, prevalece a vontade das partes para sua definição (interesse privado).

O Código de Processo Civil, em seus arts. 94 e seguintes, minimamente define quais as regras para a determinação da competência territorial. Caso as partes não tenham estipulado prévia e expressamente o foro competente para o julgamento de sua demanda (Eleição de foro – art. 111, do CPC), prevalecerá, como regra geral, o foro de domicílio do réu (art. 94, do CPC).

Por vezes, notou-se que o foro de domicílio do réu não seria o critério mais justo, e, por isso, foram criados os denominados foros especiais ou privilegiados, expressamente estipulados nos arts. 96, 97, 98, 99 e 100, do CPC (Ex.: O foro competente não será o do domicílio do réu (pai), nas ações em se pedem alimentos, mas sim o do autor (filho).

Por fim, importante esclarecer que o art. 95, do CPC, em que pese estabeleça critério territorial, expressa norma de competência absoluta (interesse público), porquanto define que nas ações fundadas em direito real sobre imóveis é competente o foro da situação da coisa.

CRITÉRIO MATERIAL:

A competência em razão da matéria é de caráter absoluto. Sua observância denota todo um interesse público. Suas hipóteses são, em regra, definidas pelas normas de organização judiciária (art. 91, do CPC).

Neste caso leva-se em conta a matéria que envolve o objeto da lide para a definição da competência (Ex.: Matéria cível e matéria criminal; vara especializada para as ações de falência e recuperação judicial.)

CRITÉRIO FUNCIONAL:

O critério funcional é a atribuição da competência que leva em conta a função jurisdicional anteriormente exercida, bem como aquela que será exercida futuramente (Ex.: São os desembargadores, no Tribunal de Justiça, competentes para revisão das sentenças proferidas pelos juízes de 1ª instância que, por sua vez e, em regra, analisam a causa pela primeira vez).

CRITÉRIO ECONÔMICO:

A definição da competência em razão do valor da causa é espécie de competência relativa (interesse particular), cuja determinação tem por base o valor dado à causa (art. 259, do CPC).

A título de exemplo, é possível destacar que no caso de determinado valor que se dê à causa, poderá a parte ingressar com a sua ação nos Juizados Especiais Cíveis (Lei nº. 9.099/95).

4.2. COMPETÊNCIAS ABSOLUTA E RELATIVA

A rigor, o que se classifica como absoluta ou relativa é a incompetência.

São absolutas as competências cujo critério seja o caráter funcional (art. 92, do CPC), ou em relação à matéria (art. 91, do CPC). A incompetência absoluta corresponde à total ausência de competência, defeito insanável, que implica na nulidade de todos os atos decisórios. Tratando-se, pois, de nulidade, pode ser reconhecida de ofício pelo juízo, em sede de preliminar de contestação pelo réu (art. 301, II, do CPC), ou mesmo em qualquer tempo ou grau de jurisdição (art. 113, do CPC).

Tão absolutos são seus efeitos que, mesmo tenha sido decidida e transitada em julgado a causa, por juiz absolutamente incompetente, ainda assim, será possível o ingresso de Ação Rescisória para revogação dos efeitos da decisão (art. 485, II, do CPC).

As competências relativas, por sua vez, são as relativas ao território e ao valor da causa (art. 102, do CPC) e correspondem à falta de competência de um órgão jurisdicional para o processamento de uma determinada causa. São relativas porque nelas prevalece a vontade das partes (interesse particular), para a definição de determinada competência.

Tanto é relativa que não pode ser reconhecida de ofício pelo juízo (art. 111, do CPC). Sendo assim, sua eventual constatação deve ser expressamente buscada pela parte, via exceção de incompetência (art. 112, do CPC), sob pena de que, se não alegada no momento oportuno, ocorra o fenômeno da prorrogação da competência.

4.3. ASPECTOS GERAIS

A competência pode ser prorrogada quando o réu não apresenta, em tempo hábil, a exceção de incompetência (art. 112, do CPC), ou então, o juiz não a reconhece de ofício (parágrafo único, do art. 112, do CPC).

Neste caso o juiz, a princípio incompetente, passa a ser o competente para o julgamento daquela demanda.

Nos casos em que a demanda esteja fundada na análise de contratos de adesão, e verificar-se a nulidade de cláusula de eleição de foro, a incompetência poderá ser declarada de ofício pelo juiz (art. 112, parágrafo único, do CPC).

Por fim, é importante lembrarmos que nos termos da atual legislação processual, a petição de exceção de incompetência pode ser protocolada no juízo de domicílio do próprio réu, com requerimento de sua imediata remessa ao juízo que determinou a citação (art. 305, parágrafo único, do CPC).

Capítulo 5
LITISCONSÓRCIO

Litisconsórcio é a pluralidade de partes no mesmo ou em ambos os polos da relação jurídica processual. Existe entre os litigantes que estão no mesmo polo da relação um grau de afinidade, variável na intensidade, sob vários aspectos, podendo chegar até à identidade (litisconsórcio unitário)[11].

O litisconsórcio pode ser classificado das seguintes formas:

a) quanto às partes;
b) quanto ao momento de sua formação;
c) quanto à sua obrigatoriedade; e
d) quanto aos seus efeitos.

No que se refere às partes o litisconsórcio pode ser:

a) **ativo** - quando são vários autores;
b) **passivo** - se existem vários réus; e
c) **misto,** quando estiverem presentes vários autores e vários réus.

O litisconsórcio pode, ainda, ser identificado quanto ao momento da formação, de modo que será classificado como:

a) **inicial** - quando surge com a propositura da demanda ou,
b) **ulterior** - quando sua formação decorre de fato ocorrido após o ajuizamento da demanda.

Pode ser verificada também a classificação do litisconsórcio quanto à obrigatoriedade de sua verificação:

---
11 ARRUDA ALVIM, José Manoel. Manual de Direito Processual Civil – Vol. 2, São Paulo: RT, 12ª edição, 2008, p. 87.

a) **facultativo:** se sua formação depende da vontade dos autores, ou,
b) **necessário/obrigatório:** quando a presença de todos os litisconsortes é requisito de validade do processo, porquanto a lei ou a natureza da relação jurídica assim exigiu (Ex.: art. 10, do CPC).

O litisconsórcio facultativo (art. 46, do CPC):

a) é possível quando entre os litisconsortes houver comunhão de direitos ou de obrigações relativamente à lide;
b) seus direitos ou as suas obrigações derivarem do mesmo fundamento de fato ou de direito;
c) entre as causas houver conexão pelo objeto ou pela causa de pedir;
d) ocorrer afinidade de questões por um ponto comum de fato ou de direito.

No que tange aos efeitos da decisão o litisconsórcio pode ser:

a) **simples** - se a decisão puder atingir diferentemente cada um dos litisconsortes ou,
b) **unitário** - se a decisão incidir de modo uniforme para todos os litisconsortes.

5.1. LITISCONSÓRCIO MULTITUDINÁRIO (MUITOS AUTORES OU RÉUS)

Nos termos do parágrafo único, do art. 46, do CPC, o litisconsórcio multitudinário ocorre quando se evidenciar que o alto número de litisconsortes acarretará embaraço à marcha do procedimento, o tumulto, a dificuldade para julgar, podendo o juiz determinar a redução do polo[12]. Também se caracteriza nas hipóteses em que se verifique a possível dificuldade na defesa do réu.

Vale dizer que só ocorrerá nas hipóteses de litisconsórcio facultativo.

Deve-se observar, ainda, que quando estiverem representados por diferentes procuradores nos autos os litisconsortes poderão receber o benefício do prazo em dobro (art. 191, do CPC).

---

12 DINAMARCO, Cândido Rangel. Litisconsórcio, São Paulo: Malheiros, 7ª edição, 2002, p. 344

Capítulo 6
INTERVENÇÃO DE TERCEIROS

A intervenção de terceiros nada mais é que o ingresso de terceiro estranho à lide em processo pendente entre dois ou mais sujeitos, seja na qualidade de parte ou na de coadjuvante de uma das partes. Em nosso ordenamento as hipóteses de intervenção de terceiros se classificam levando em consideração a iniciativa e o papel do terceiro interveniente. A intervenção de terceiro pode ocorrer:

a) **de forma voluntária** - quando a intervenção decorre da vontade do próprio terceiro (Ex.: Assistência e Oposição) ou,
b) **de forma provocada/involuntária** - quando o terceiro teve seu ingresso exigido por uma das partes (Ex.: Nomeação à Autoria, Denunciação da Lide e Chamamento ao Processo).

A intervenção de terceiro quanto ao papel do terceiro interveniente pode ocorrer:

a) **de forma adesiva** - quando o terceiro for auxiliar da parte ou;
b) **de forma principal** - quando o terceiro ingressa no processo na qualidade de parte. As modalidades de intervenção de terceiro são: *Assistência; Oposição; Nomeação à autoria; Denunciação da lide; e Chamamento ao processo.*

6.1. ASSISTÊNCIA

A assistência ocorre quando um terceiro, com manifesto interesse jurídico, ingressa no processo para auxiliar uma das partes a obter um resultado vantajoso (sentença favorável) no processo (art. 50, do CPC).

Esta espécie de intervenção pode ser simples, e se dá quando o assistente tem mero *interesse jurídico* na solução do processo sendo caracterizada por uma relação jurídica autônoma com o assistido.

A assistência pode ser também litisconsorcial, e se caracteriza quando o assistente é um dos *titulares do direito discutido no processo* entre o assistido e a parte contrária, razão pela qual, eventual sentença, indubitavelmente atingirá a relação jurídica entre ele e o adversário do assistido (art. 54, do CPC).

6.2. OPOSIÇÃO

A oposição é a intervenção pela qual o terceiro (opoente) ingressa no processo porque tem pretensão sobre a coisa ou direito sobre que controvertem autor e réu (opostos). Caracteriza-se pela formação de um processo de conhecimento autônomo, que seguirá, em algumas situações, simultaneamente com o processo principal (art. 56, do CPC).

Caso um dos opostos reconheça o pedido do opoente, neste caso, o processo seguirá contra o outro oposto (art. 58, do CPC).

Se oferecida antes da realização da audiência no processo principal a oposição será apensada aos autos principais e correrá simultaneamente com a ação principal, sendo ambas julgadas simultaneamente (art. 59, do CPC). Se oferecida depois da realização da audiência no processo principal, poderá o juiz sobrestar (suspender) o andamento do processo principal, por prazo nunca superior a 90 dias, a fim de que a oposição possa atingir o mesmo patamar da ação principal e julgá-las simultaneamente. Do contrário, a oposição seguirá o procedimento ordinário, sendo julgada sem prejuízo da causa principal (art. 60, do CPC).

Quando a oposição e a ação principal forem julgadas simultaneamente, o juiz, na sentença, tratará primeiro da oposição e depois da ação principal (art. 61, do CPC).

6.3. NOMEAÇÃO À AUTORIA

A nomeação à autoria é a intervenção de terceiro que tem por finalidade corrigir o polo passivo da demanda, mediante a saída do processo da parte ilegítima. E o ingresso daquele que detém verdadeiramente a legitimidade[13].

A nomeação pode ocorrer nos casos em que o mero detentor de algo seja demandado quando, em verdade, os verdadeiros legitimados ao processo seriam o proprietário ou possuidor (art. 62, do CPC). Aplica-se também a nomeação a autoria, nos casos de ação de indenização intentada pelo proprietário ou titular de um direito sobre a coisa, todas as vezes que o responsável pelo prejuízo alegue que praticou o ato por ordem, ou em cumprimento de instruções de terceiro (art. 63, do CPC).

O responsável pela nomeação quando não o fizer, será responsabilizado por perdas e danos em dois casos (art. 69, do CPC):

a) deixando de nomear a autoria, quando lhe competir, ou
b) nomear pessoa diversa daquela em cujo nome detém a coisa demandada.

6.4. DENUNCIAÇÃO DA LIDE

A denunciação da lide é a modalidade de intervenção de terceiros que se verifica quando uma das partes traz para o processo o seu *garante*, a fim de exercer contra ele o seu direito de regresso, caso seja derrotada na demanda. A denunciação da lide pode ser utilizada tanto pelo réu, como pelo autor.

Referida medida tem cabimento quando:

a) o adquirente de um bem corre o risco de sofrer a evicção e traz para o processo o alienante;
b) quando aquele que exerce a posse direta da coisa corre o risco de perder a posse do bem e oferece a denunciação ao proprietário ou possuidor indireto e,
c) sempre que a parte tiver, por lei ou pelo contrato, direito de regresso daquilo a que vier a ser condenado a indenizar (art. 70, do CPC).

---

13 COSTA MACHADO, Antônio Carlos. Código de Processo Civil Interpretado – Artigo por artigo, parágrafo, por parágrafo, Barueri: Manole, 7ª edição, 2008, p. 67.

A denunciação à lide será requerida juntamente com a citação do Réu, se o denunciante for o autor, ou no prazo para contestar, se o denunciante for o réu (art. 71, do CPC).

6.5. CHAMAMENTO AO PROCESSO

O chamamento ao processo é modalidade de intervenção de terceiro exclusiva do Réu, que traz aos autos os demais co-obrigados pela dívida objeto da demanda, visando obter seu direito de regresso imediatamente após seja condenado a pagar.

Será admitido o chamamento ao processo nas seguintes hipóteses:

    a) do devedor, na ação em que o fiador for réu;
    b) dos outros fiadores, quando para ação for citado apenas um deles;
    c) de todos os devedores solidários, quando o credor exigir de um ou de alguns deles, parcial ou totalmente a dívida comum[14].

O chamamento ao processo difere da denunciação à lide nos seguintes aspectos:

    (i) os chamados poderiam ter sido partes; o denunciado, não;
    (ii) no chamamento a responsabilidade, em geral, é parcial; na denunciação da lide é integral;
    (iii) o chamamento ao processo pode ser feito apenas pelo réu, enquanto a denunciação da lide também pode ser promovida pelo o autor;
    (iv) o chamado ao processo, caso quisesse, poderia ingressar na lide na qualidade de assistente litisconsorcial, entretanto o denunciado viria como assistente simples.

---

14   Art. 77, do CPC

Capítulo 7
ATOS PROCESSUAIS

Ato processual é toda conduta dos sujeitos do processo que tenha por efeito a criação, modificação ou extinção de situações jurídicas processuais. São atos processuais, por exemplo, o oferecimento de uma denúncia ou de uma petição inicial, um interrogatório, uma sentença[15].

Todos os atos e termos do processo podem ser produzidos, transmitidos, armazenados e assinados por meio eletrônico, na forma da lei. Os tribunais, no âmbito da respectiva jurisdição, poderão disciplinar a prática e a comunicação oficial dos atos processuais por meios eletrônicos, atendidos os requisitos de autenticidade, integridade, validade jurídica e interoperabilidade da Infraestrutura de Chaves Públicas Brasileira - ICP – Brasil (art. 154, do CPC).

Os atos processuais são públicos. Correm, todavia, em segredo de justiça (art. 155, do CPC):

a) os processos em que o exigir o interesse público;
b) que dizem respeito a casamento, filiação, desquite, separação de corpos, alimentos e guarda de menores;
c) que dizem respeito a casamento, filiação, separação dos cônjuges, conversão desta em divórcio, alimentos e guarda de menores.

Documentos em língua estrangeira só poderão ser juntados aos autos quando acompanhados de versão em vernáculo, firmada por tradutor juramentado (art. 157, do CPC).

---

[15] DINAMARCO, Cândido Rangel, et al. Teoria Geral do Processo, São Paulo: Malheiros, 15ª edição, p. 357.

7.1. DOS ATOS PRATICADOS PELO JUIZ

Os atos do juiz consistirão em:

a) sentenças - é o ato do juiz que implica alguma das situações previstas nos arts. 267 e 269, do CPC;
b) decisões interlocutórias - é o ato pelo qual o juiz, no curso do processo, resolve questão incidente e,
c) despachos - todos os demais atos do juiz praticados no processo, de ofício ou a requerimento da parte, a cujo respeito a lei não estabelece outra forma[16].

7.2. TEMPO E LUGAR DOS ATOS PROCESSUAIS

Os prazos para realização dos atos processuais podem ser próprios ou impróprios. Prazo próprio é o das partes, cujo não cumprimento acarreta a preclusão de um direito, já os prazos impróprios são os do juiz e dos auxiliares, porquanto seu não cumprimento não acarreta ônus processual, somente poderá gerar sanções administrativas.

Os prazos podem ainda ser considerados dilatórios, ou seja, os que podem ser modificados pela vontade das partes (art. 181, do CPC). Os prazos peremptórios, por sua vez, não podem ser alterados nem pelas partes, nem mesmo pelo juiz (exceção às comarcas de difícil transporte), e se caracteriza pelos prazos que, se descumpridos geram um ônus para a parte que se omitiu (art. 182, do CPC).

7.3. PRECLUSÃO

Preclusão é a perda da faculdade de praticar ato processual. A preclusão pode ser temporal, lógica, consumativa e *pro judicato*.

a) **Temporal:** ocorre quando a perda da faculdade de se praticar ato se dá em virtude de haver decorrido o prazo, sem que a parte tenha praticado o ato, ou o tenha praticado a destempo ou de forma incompleta ou irregular.

---

16 Art. 162, do CPC.

b) **Lógica:** ocorre quando a parte vê extinta a possibilidade de praticar determinado ato em razão de outro que tenha praticado e seja incompatível com aquele primeiro.
c) **Consumativa:** ocorre quando a parte já praticou determinado ato e, portanto, não pode tornar a praticá-lo.
d) *Pro judicato:* se refere aos atos do juiz e implica em dizer que o juiz em regra não poderá analisar novamente questões já analisadas

7.4. DA REALIZAÇÃO DOS ATOS PROCESSUAIS

Os atos processuais realizar-se-ão em dias úteis, das 6 às 20 horas. Serão, todavia, concluídos depois das 20 horas os atos iniciados antes, quando o adiamento prejudicar a diligência ou causar grave dano. A citação e a penhora poderão, em casos excepcionais, e mediante autorização expressa do juiz, realizar-se em domingos e feriados, ou nos dias úteis, fora do horário estabelecido neste artigo, observado o disposto no art. 5º, inciso XI, da Constituição Federal. Quando o ato tiver que ser praticado em determinado prazo, por meio de petição, esta deverá ser apresentada no protocolo, dentro do horário de expediente, nos termos da lei de organização judiciária local (art. 172, do CPC).

Durante as férias e nos feriados não se praticarão atos processuais. Excetuam-se (arts. 173/174, do CPC):

a) a produção antecipada de provas diante do risco de se perderem os vestígios ou de se tornar impossível a produção de determinada prova;
b) a citação, a fim de evitar o perecimento de direito;
c) e bem assim o arresto, o sequestro, a penhora, a arrecadação, a busca e apreensão, o depósito, a prisão, a separação de corpos, a abertura de testamento, os embargos de terceiro, a nunciação de obra nova e outros atos análogos.

Ademais, processam-se durante as férias e não se suspendem pela superveniência delas:

a) os atos de jurisdição voluntária, bem como os necessários à conservação de direitos, quando possam ser prejudicados pelo adiamento;

b) as causas de alimentos provisionais, de dação ou remoção de tutores e curadores, bem como as mencionadas no art. 275, do CPC e,
c) todas as causas que a lei federal determinar.

Salvo disposição em contrário, computar-se-ão os prazos, excluindo o dia do começo e incluindo o do vencimento. Considera-se prorrogado o prazo até o primeiro dia útil se o vencimento cair em feriado ou em dia em que (art. 184, do CPC):

a) for determinado o fechamento do fórum;
b) o expediente forense for encerrado antes da hora normal. Os prazos somente começam a correr do primeiro dia útil após a intimação (art. 240 e parágrafo único, do CPC).

Começa a correr o prazo (art. 241, do CPC):

a) quando a citação ou intimação for pelo correio, da data de juntada aos autos do aviso de recebimento;
b) quando a citação ou intimação for por oficial de justiça, da data de juntada aos autos do mandado cumprido;
c) quando houver vários réus, da data de juntada aos autos do último aviso de recebimento ou mandado citatório cumprido;
d) quando o ato se realizar em cumprimento de carta de ordem, precatória ou rogatória, da data de sua juntada aos autos devidamente cumprida e,
e) quando a citação for por edital, finda a dilação assinada pelo juiz.

Caso a lei e o juiz sejam omissos com relação ao prazo, será ele de 5 dias. Os prazos para a Fazenda Pública e para o Ministério Público computar-se-ão em quádruplo para contestar e em dobro para recorrer[17].

Quando os litisconsortes tiverem diferentes procuradores, ser-lhes-ão contados em dobro os prazos para contestar, para recorrer e, de modo geral, para falar nos autos (art. 191, do CPC).

---

17 Art. 188, do CPC.

7.5. COMUNICAÇÃO DOS ATOS PROCESSUAIS

Citação é o ato pelo qual se chama a juízo o réu ou o interessado a fim de se defender (art. 213, do CPC).

Não se fará, porém, a citação, salvo para evitar o perecimento do direito (art. 217, do CPC:

a) ao funcionário público, na repartição em que trabalhar;
b) a quem estiver assistindo a qualquer ato de culto religioso;
c) ao cônjuge ou a qualquer parente do morto, consanguíneo ou afim, em linha reta, ou na linha colateral em segundo grau, no dia do falecimento e nos 7 dias seguintes;
d) aos noivos, nos 3 primeiros dias de bodas e,
e) aos doentes, enquanto grave o seu estado.

Também não se fará citação, quando se verificar que o réu é demente ou está impossibilitado de recebê-la (art. 218, do CPC).

A citação válida torna prevento o juízo, induz litispendência e faz litigiosa a coisa; e, ainda quando ordenada por juiz incompetente, constitui em mora o devedor e interrompe a prescrição. A prescrição considerar-se-á interrompida na data do despacho que ordenar a citação (art. 219, do CPC).

A citação pode ser feita pelas seguintes modalidades:

a) pelo correio;
b) por oficial de justiça;
c) por edital e,
d) por meio eletrônico[18].

Não será possível a citação pelo correio (art. 222, do CPC):

a) nas ações de estado;
b) quando for ré pessoa incapaz;
c) quando for ré pessoa de direito público;
d) nos processos de execução;

---
18 Art. 221, do CPC.

e) quando o réu residir em local não atendido pela entrega domiciliar de correspondência e,
f) quando o autor a requerer de outra forma.

A citação será realizada por meio de oficial de justiça nos casos ressalvados no art. 222, do CPC ou quando frustrada a citação pelo correio.

A citação por correio ou por oficial de justiça é denominada de citação real, pois se tem certeza (ao menos uma presunção muito forte) de que este foi regularmente citado. A citação por edital e por hora certa, por sua vez, são denominadas de citações fictas, pois, embora se presuma que houve citação, esta presunção pode ser descaracterizada.

Quando, por três vezes, o oficial de justiça houver procurado o réu em seu domicílio ou residência, sem o encontrar, mas haja suspeita de que esteja se ocultando (art. 227, do CPC).

A citação será realizada por edital (art. 231, do CPC):

a) quando desconhecido ou incerto o réu;
b) quando ignorado, incerto ou inacessível o lugar em que se encontrar e,
c) nos casos expressos em lei.

Intimação, por sua vez, é o ato pelo qual se dá ciência a alguém dos atos e termos do processo, para que faça ou deixe de fazer alguma coisa (art. 234, do CPC).

7.6. VALOR DA CAUSA

O valor da causa é a sua apreciação ou equivalência monetária[19]. A toda causa será atribuído um valor certo, ainda que não tenha conteúdo econômico imediato (art. 258, do CPC).

O valor da causa será (art. 259, do CPC):

a) Na ação de cobrança de dívida, a soma do principal, da pena e dos juros vencidos até a propositura da ação;

---

19   PEREIRA BRAGA, Antonio. Exegese do Código de Processo Civil, São Paulo, Max Limonad, 4º v., s/d, p. 12

b) havendo cumulação de pedidos, a quantia correspondente à soma dos valores de todos eles;
c) sendo alternativos os pedidos, o de maior valor;
d) se houver também pedido subsidiário, o valor do pedido principal;
e) quando o litígio tiver por objeto a existência, validade, cumprimento, modificação ou rescisão de negócio jurídico, o valor do contrato;
f) na ação de alimentos, a soma de 12 prestações mensais, pedidas pelo autor; na ação de divisão, de demarcação e de reivindicação, a estimativa oficial para lançamento do imposto.

Capítulo 8
FORMAÇÃO, SUSPENSÃO E EXTINÇÃO DO PROCESSO

8.1. FORMAÇÃO DO PROCESSO

O início do processo, salvo em casos excepcionais previstos em lei, começa por iniciativa da parte (art. 262, do CPC). O processo se desenvolve por impulso oficial, isto é, por atos do juiz e dos auxiliares da justiça (art. 262, do CPC). Ademais, se considera proposta a ação quando a petição inicial é despachada pelo juiz, ou simplesmente distribuída, onde houver mais de uma vara (art. 263, do CPC). A propositura da ação somente produzirá efeitos da litispendência em relação ao réu, quando este for validamente citado (art. 263, do CPC).

Após a citação válida, o autor poderá modificar o seu pedido após a citação, desde que haja o consentimento do réu, sejam mantidas as partes e salvo as substituições permitidas por lei (art. 264, do CPC). Antes da citação válida o autor pode alterar o pedido ou a causa de pedir sem o consentimento do réu.

Após o saneamento do processo em nenhuma hipótese será permitida a alteração do pedido ou da causa de pedir (art. 264, § 1º, do CPC).

8.2. SUSPENSÃO DO PROCESSO

O processo será suspenso quando a sentença de mérito (art. 265, IV, alíneas *a, b* e *c*, do CPC):

a) depender do julgamento de outra causa, ou da declaração da existência ou inexistência da relação jurídica, que constitua o objeto principal de outro processo pendente;

b) não puder ser proferida senão depois de verificado determinado fato, ou de produzida certa prova, requisitada a outro juízo ou,
c) tiver por pressuposto o julgamento de questão de estado, requerido como declaração incidente.

O processo poderá ser suspenso, também, nas seguintes hipóteses (art. 265, do CPC):

a) pela morte ou perda da capacidade processual de qualquer das partes, de seu representante legal ou de seu procurador;
b) pela convenção das partes;
c) quando for oposta exceção de incompetência do juízo, da câmara ou do tribunal, bem como de suspeição ou impedimento do juiz e
d) por motivo de força maior.

Em caso de morte do procurador de qualquer das partes o juiz concederá o prazo de 20 dias para que a parte constitua novo mandatário (art. 265, § 2º, do CPC).

Caso o autor, no prazo concedido, não nomeie novo mandatário, o juiz extinguirá o processo sem julgamento do mérito. Sendo o réu o desidioso, o juiz mandará prosseguir o processo à sua revelia (art. 265, § 2º, do CPC).

A suspensão do processo, por convenção das partes nunca poderá exceder o prazo de 6 meses (art. 265, § 3º, do CPC). Durante a suspensão do processo é defeso às partes a prática de qualquer ato, todavia, poderá o juiz, determinar a realização de atos urgentes, a fim de evitar dano irreparável (art. 266, CPC).

8.3. EXTINÇÃO DO PROCESSO

O processo pode ser extinto com ou sem julgamento do mérito, seu encerramento se dará sem julgamento do mérito quando (art. 267, do CPC):

a) o juiz indeferir a petição inicial;
b) ficar parado durante mais de 1 ano por negligência das partes;

c) por não promover os atos e diligências que lhe competir, o autor abandonar a causa por mais de 30 dias;
d) se verificar a ausência de pressupostos de constituição e de desenvolvimento válido e regular do processo;
e) o juiz acolher a alegação de perempção, litispendência ou de coisa julgada;
f) não concorrer qualquer das condições da ação, como a possibilidade jurídica, a legitimidade das partes e o interesse processual;
g) pela convenção de arbitragem;
h) o autor desistir da ação;
i) a ação for considerada intransmissível por disposição legal;
j) quando ocorrer confusão entre autor e réu.

Quando a causa da extinção, for a negligência das partes, deixando o processo parado por mais de 1 ano, ou então, por abandono da causa pelo autor por mais de 30 dias, o juiz deverá intimar pessoalmente a parte, para dar andamento ao processo em 48 horas e, só após, se não cumprida a diligência, extinguir o processo (art. 267, § 2º, do CPC).

O Autor poderá desistir unilateralmente do processo, somente até momento anterior ao decurso do prazo para resposta do réu. Após, será necessário seu expresso consentimento (art. 267, § 4º, do CPC).

A perempção é a perda do direito de ação pela desídia do Autor que, por três vezes, provocou a extinção do processo sem resolução do mérito por abandono da causa (art. 267, III, do CPC), sendo-lhe imputada a impossibilidade de intentar nova ação contra o Réu, pleiteando o mesmo objeto (art. 268, parágrafo único, do CPC).

Vale ressaltar que nada impede que o mesmo objeto seja alegado em eventual defesa.

O encerramento do processo com resolução de mérito ocorrerá quando (art. 269, do CPC):

a) o juiz acolher ou rejeitar o pedido do autor;
b) o réu reconhecer a procedência do pedido;
c) as partes transigirem;
d) o juiz pronunciar a decadência ou a prescrição;
e) o autor renunciar ao direito sobre que se funda a ação.

Capítulo 9
PROCESSO DE CONHECIMENTO

O processo de conhecimento é a provocação do juízo em seu sentido mais restrito e próprio. Instaurado o processo de conhecimento o poder jurisdicional é chamado a julgar, sendo certo que ao final será declarada qual das partes tem razão.

O objetivo desta provocação do judiciário é o provimento jurisdicional, ou seja, a sentença de mérito. Além disso, o processo de conhecimento tem por finalidade afastar, resolver a "crise de certeza", por meio dele, busca-se a formulação de uma norma jurídica concreta. Vale dizer, o juiz diz quem tem razão.

O processo de conhecimento pode objetivar:

a) a mera declaração da existência ou inexistência da relação jurídica;
b) a condenação do réu com o efetivo acolhimento das pretensões do autor; ou
c) a constituição, modificação ou extinção de uma relação jurídica.

9.1. TUTELA ANTECIPADA

Em alguns casos poderá o juiz antecipar os efeitos do pedido formulado pela parte. Isto ocorrerá quando o juiz identificar a presença dos requisitos estipulados em lei (art. 273, do CPC).

Para a concessão de tal medida é necessário que estejam presentes os seguintes requisitos:

a) a prova inequívoca;
b) a verossimilhança da alegação da parte; e

c) o fundado receio de ocorrência do dano irreparável ou de difícil reparação.

É possível, ainda, a concessão da tutela antecipada quando fique caracterizado o abuso do direito de defesa ou o manifesto propósito protelatório do réu (art. 273, inc. II, do CPC).

Entretanto, não será concedida a tutela quando haja perigo de irreversibilidade do provimento antecipado (art. 273, § 2º, do CPC).

A antecipação da tutela jurisdicional a fungibilidade entre a tutela antecipada e a medida cautelar

Caso, o autor, a título de antecipação de tutela, requeira providência de natureza cautelar, poderá o juiz, desde que presentes os respectivos pressupostos, deferir a medida cautelar em caráter incidental do processo ajuizado (art. 273, § 7º, do CPC).

9.2. TUTELA ESPECÍFICA

Conforme art. 461 da CPC para as obrigações de fazer e de não fazer, poderá ser concedida pelo Juiz, podendo aplicar a multa diária "Astrante".

Capítulo 10
PROCEDIMENTO SUMÁRIO

O procedimento sumário será definido em razão da matéria, independentemente do valor da causa, nas ações que versarem sobre (art. 275, II, do CPC):

a) arrendamento rural e de parceria agrícola;
b) cobrança ao condômino;
c) ressarcimento por danos em prédio urbano ou rústico;
d) ressarcimento por danos causados em acidente de veículo de via terrestre;
e) cobrança de seguro, relativamente aos danos causados em acidente de veículo;
f) cobrança de honorários dos profissionais liberais.

Não obstante, quando definidas em razão do valor da causa se terá como valor máximo 60 vezes o salário mínimo (art. 275, I, do CPC).

No rito sumário o Autor deve apresentar o rol de testemunhas e, caso requerida a produção de prova pericial, formular os quesitos e indicar assistente técnico no momento em que apresentar a petição inicial, sob pena de preclusão do direito (art. 276, do CPC).

A contestação será apresentada na audiência de conciliação, caso esta reste infrutífera, e poderá ser feita na forma escrita ou oral (art. 278, *caput*, do CPC).

Neste rito, a efetiva citação do réu deverá ocorrer com até 10 dias de antecedência da audiência de conciliação (art. 277, *caput*). Sendo citado sem a observância do decêndio, deverá ser redesignada a audiência, sob pena de nulidade do processo. O termo inicial para a contagem do prazo citado, é a efetiva citação e não o da juntada do mandado de citação ou aviso de recebimento aos autos, em caso de citação pelo correio.

Caso o réu não compareça pessoalmente na audiência de conciliação, ou não seja representado por representante com poderes específicos para transigir, o juiz aplicará os efeitos da revelia (art. 277, § 2º, CPC), ou seja, reputar-se-ão verdadeiros os fatos afirmados pelo autor (art. 319, do CPC).

A ausência injustificada do autor ou de seu procurador à audiência de conciliação acarretará a extinção do processo sem resolução do mérito (art. 267, do CPC).

A impugnação ao valor da causa ou a controvérsia sobre a natureza da demanda serão decididos de plano na audiência de conciliação (art. 277, § 4º, do CPC). Desta decisão caberá recurso de agravo na forma retida (art. 522, do CPC).

O procedimento sumário não comporta provas técnicas de maior complexidade e quando houver a necessidade de sua produção o procedimento sumário deverá ser convertido em ordinário (art. 277, § 5º, do CPC).

Ademais, o réu não poderá apresentar reconvenção na defesa de seus interesses, poderá apenas formular pedido contraposto, desde que fundado nos mesmos fatos da inicial (art. 278, § 1º, do CPC).

Ainda sobre o rito sumário, há que se destacar o não cabimento de ação declaratória incidental e intervenção de terceiros, salvo as hipóteses de intervenção de terceiros consistentes na assistência, no recurso de terceiro prejudicado e a intervenção fundada em contrato de seguro (art. 280, do CPC).

Eventuais provas orais necessárias à instrução do processo serão colhidas na audiência de instrução e julgamento, momento em que o juiz também colherá, caso necessário, esclarecimentos dos assistentes técnicos (art. 278, § 1º, do CPC).

A sentença será proferida na própria audiência de instrução ou no prazo de 10 dias (art. 281, do CPC).

Capítulo 11
PROCEDIMENTO ORDINÁRIO

11.1. PETIÇÃO INICIAL

A petição inicial é o ato processual, em regra, escrito, por meio do qual se exerce o direito de ação, dando início à atividade jurisdicional[20]. São requisitos da petição inicial (art. 282, do CPC):

a) **endereçamento** – "o juiz ou tribunal a que é dirigida", demonstração da correta escolha do órgão jurisdicional competente, de acordo com as regras de distribuição da competência;
b) **qualificação das partes** – "os nomes, prenomes, estado civil, profissão, domicílio e residência do autor e do réu";
c) **causa de pedir** – composta por dois elementos: fatos e fundamentos jurídicos do pedido – são os acontecimentos que deram causa à ação e as suas consequências jurídicas;
d) **pedido** – representa o tipo de bens jurídicos desejados pelo autor. O pedido pode ser imediato (tipo de providência jurisdicional solicitada – declaração, condenação, constituição ou desconstituição) e mediato (aquele que diretamente se deseja);
e) **valor da causa** – o benefício econômico pretendido pelo autor;
f) **provas** – as provas com que pretende demonstrar a veracidade dos fatos que alega. Admite-se o protesto genérico por provas (exceto no rito sumário, em que as testemunhas devem ser arroladas na inicial e os quesitos da perícia devem ser desde logo oferecidos);
g) **citação do réu** – (art. 219, do CPC) e,

---

20 WAMBIER, Luiz Rodrigues. et. al. Curso Avançado de Processo Civil – V. 2, São Paulo: RT, 9ª edição, 2006/2007, p. 283.

h) demais requisitos – Ex.: 1 - Indicação do endereço do advogado para intimação, nos termos do art. 39, inciso I, do CPC; Ex.: 2 - Procuração, salvo as hipóteses de dispensa, nos termos do art. 37, do CPC; e Ex.: 3 – Documentos essênciais à propositura da demanda, nos termos do art. 283, do CPC.

O pedido deve ser CERTO (quanto à espécie de tutela) e DETERMINADO (liga-se à ideia de quantidade), nos termos do art. 286, do CPC. O pedido somente poderá ser GENÉRICO ou ILÍQUIDO (art. 286, do CPC):

a) nas ações universais, se não puder o autor individuar na petição os bens demandados;
b) quando não for possível determinar, de modo definitivo, as consequências do ato ou do fato ilícito;
c) quando a determinação do valor da condenação depender de ato que deva ser praticado pelo réu.

É possível a cumulação de pedidos que pode ocorrer de duas formas:

a) própria - quando o autor busca o atendimento de todos; ou
b) imprópria - quando há mais de um pedido, mas o autor não espera o atendimento de todos.

Nos casos em que houver cumulação própria esta pode subdividir-se em:

a.1) simples: equipara-se à cumulação de demandas (dano moral + material);

a.2) sucessiva: há interesse em mais de um pedido, mas entre eles há uma relação de prejudicialidade (ex.: investigação de paternidade + alimentos);

a.3) superveniente/incidental: os pedidos são feitos em momentos diferentes (ex.: ação declaratória incidental). Requisitos para a cumulação própria (art. 292, do CPC).

Nos casos em que houver cumulação imprópria esta pode subdividir-se em:

>*b.1) alternativa* (art. 288, do CPC);
>*b.2) subsidiário/ eventual/em ordem sucessiva* (art. 289, do CPC) - há um pedido principal, mas, caso não seja acolhido, pede-se a apreciação do secundário, subsidiário.

Com relação à alteração do pedido podemos citar três momentos processuais:

> *1°) Antes da* citação – O autor tem liberdade para aditar seu pedido;
> *2°) Depois da citação* – O autor somente poderá realizar tal aditamento caso o réu permita; e
> *3°) Depois do saneamento do processo* – Neste momento ocorre a estabilização objetiva da lide e fica vedada qualquer alteração, nos termos do art. 264, parágrafo único, do CPC. Vale ressaltar que, caso o réu seja revel, a alteração exigirá nova citação.

Depois de distribuída a inicial, poderá o juiz determinar a sua emenda em 10 dias, se verificar que a petição inicial não preenche os requisitos dos arts. 282/283, do CPC ou que apresenta defeito ou irregularidade, capazes de dificultar o julgamento do mérito (art. 284, do CPC).

Poderá, também, de imediato, ordenar a citação, se verificar que a inicial atende a todos os requisitos processualmente exigidos, ou então, indeferir a petição inicial (art. 295, do CPC), rejeitando o requerimento de realização do processo:

a) Por motivo formal (inépcia; rito inadequado, não se podendo adaptar; sem requisitos do art. 282, do CPC e não emendada; sem procuração; sem endereço do advogado; falta de documentos) (art. 283, do CPC);
b) Por carência da ação: (legitimidade manifesta da parte; pedido juridicamente impossível; falta de interesse processual) e,
c) Por motivo de mérito: prescrição ou decadência (desde que legal, já que a decadência convencional depende alegação).

Por fim, poderá determinar a improcedência de plano, quando se tratar de "lide repetitiva" (art. 285-A, do CPC): quando a matéria controvertida for exclusivamente de direito e no juízo já houver sido proferida sentença de total improcedência em outros casos idênticos (mesma tese jurídica), poderá ser dispensada a citação e proferida sentença, reproduzindo-se o teor da anteriormente prolatada.

11.2. DA CITAÇÃO

A citação é o ato pelo qual se chama a juízo o réu ou o interessado para que este se defenda (art. 213, do CPC). Está intimamente relacionada ao princípio do contraditório e da ampla defesa. Trata-se de requisito de validade de qualquer processo. A citação:

a) completa a relação jurídica processual;
b) torna prevento o juízo (art. 106, do CPC);
c) induz litispendência;
d) limita a possibilidade de alteração do pedido à concordância do réu;
e) faz litigioso o objeto da lide (art. 42, do CPC).

Ademais, a citação gera efeitos materiais, ainda que a citação tenha sido determinada por juízo absolutamente incompetente, tais como:

a) constitui o devedor em mora (desde que isto já não tenha ocorrido por fato anterior – vencimento ou interpelação);
b) interrompe a prescrição, com efeito retroativo à data da propositura da ação, se realizada no prazo de 90 dias[21];
c) também impede que se consume a decadência (art. 220, CPC);

A citação pode ocorrer:

a) por carta (ou pelo correio);
b) por oficial de justiça;

---

21 Obs.: Pelo novo Código Civil, o que interrompe a prescrição não é a citação, mas o despacho do juiz que a determina. De qualquer modo, a interrupção será retroativa – Art. 202, inciso I, do Código de Processo Civil.

c) por meio eletrônico, conforme regulado em lei própria (Lei nº 11.419/06). Pode, ainda, ser ficta: quando não se tem certeza de que o réu tomou conhecimento da propositura da demanda;
d) com hora certa,
e) por edital.

Capítulo 12
DA RESPOSTA DO RÉU

Quando citado, o réu poderá adotar três posições:

a) ficar inerte;
b) reconhecer a procedência do pedido, ou;
c) oferecer resposta.

Para a defesa de seus interesses o Réu possui três modalidades de resposta à sua disposição: a contestação, as exceções e, a reconvenção.

CONTESTAÇÃO

O prazo para resposta é de 15 dias, em regra, excepcionados os casos previstos nos arts. 188 e 191, ambos do Código de Processo Civil.

A contestação é o ato pelo qual o réu apresentará sua resistência à pretensão do autor e veiculará toda a sua matéria de defesa (art. 300, do CPC). Compete ao réu através de sua contestação rebater precisamente todos os pontos de fato indicados pelo Autor em sua causa de pedir, pois os pontos que não forem impugnados pelo réu serão tidos como verdadeiros. Ademais, atendendo-se ao princípio da eventualidade toda e qualquer matéria de defesa deve ser apontada no momento de apresentação da contestação (art. 302, do CPC).

Serão alegadas em preliminar de contestação (art. 301, do CPC):

a) inexistência ou nulidade de citação;
b) incompetência absoluta;
c) inépcia da petição inicial;
d) perempção;
e) litispendência;

f) coisa julgada;
g) conexão;
h) incapacidade da parte, defeito de representação ou falta de autorização;
i) convenção de arbitragem;
j) carência de ação;
l) falta de caução ou de outra prestação, que a lei exige como preliminar.

EXCEÇÃO

A exceção se presta à arguição de eventual:

a) incompetência do juízo;
b) impedimento do juízo; ou
c) suspeição do juízo (art. 304, do CPC).

Nos termos do art. 304, do CPC, a legitimidade para apresentar a exceção de incompetência é exclusiva do réu; as demais podem ser apresentadas por qualquer das partes.

O prazo para a apresentação de exceção é de 15 dias, a contar da ciência pela parte do fato que justifica a exceção (art. 305, do CPC).

Apresentada a exceção, o processo principal ficará suspenso (art. 265, III, do CPC), até que ela seja julgada (art. 306, do CPC).

RECONVENÇÃO

A reconvenção é a ação proposta pelo réu contra o autor no mesmo processo, todas as vezes que as suas razões sejam conexas com a ação principal ou com o fundamento da defesa (art. 315, do CPC). Os requisitos de admissibilidade da reconvenção são os mesmos de qualquer peça inicial (condições da ação + pressupostos processuais), entretanto, verifica-se ainda a necessidade de apresentação simultânea (art. 299, do CPC) e em peças separadas à contestação, bem como que o juízo da ação principal não seja absolutamente incompetente para a reconvenção.

Ação e reconvenção serão julgadas pela mesma sentença (art. 318, do CPC).

12.1. DA REVELIA

Revelia é a ausência de contestação do réu regularmente citado. Ocorre também no caso de contestação intempestiva, sem procuração ou apresentada por quem não é advogado.

A revelia gera a presunção da veracidade dos fatos alegados pelo autor na petição inicial (art. 319, do CPC). Tal presunção de veracidade recai apenas sobre os fatos, mas, ainda que estes sejam presumidamente verdadeiros, é possível que o juiz se convença de que não são eles aptos a conduzir à consequência pretendida pelo autor. Por isso, ainda que ocorra a revelia, o pedido pode ser julgado improcedente.

A presunção gerada pela revelia é relativa. Desta forma, se os fatos estiverem em contradição com outros elementos dos autos, se forem impossíveis ou inverossímeis ou, ainda, improváveis, pode o juiz afastá-la.

Pode o juiz afastar a presunção de veracidade quando houver litisconsórcio passivo e um dos réus contestar, alegando matéria de defesa comum aos demais, se o litígio versar sobre direitos indisponíveis e, também, se a petição inicial não estiver acompanhada do instrumento público que a lei considere indispensável à prova do ato (art. 320, do CPC).

A declaração de revelia dispensa a intimação do revel dos demais atos processuais, a não ser que tenha advogado constituído nos autos. Em todo caso, o réu poderá intervir no processo em qualquer fase, recebendo-o no estado em que se encontrar (art. 322, do CPC).

12.2. DO JULGAMENTO CONFORME O ESTADO DO PROCESSO

Caso entenda que a questão de mérito seja unicamente de direito, ou sendo de direito e de fato não houver a necessidade de produção de provas em audiência, ou, ainda, quando houver revelia, poderá o juiz proferir o julgamento conforme o estado do processo (art. 330, do CPC).

O julgamento antecipado da lide consiste na análise do mérito, pelo juiz, antes da fase instrutória (produção e colheita de provas), que fica suprimida.

12.3. DO SANEAMENTO DO PROCESSO

O saneamento é o momento em que o juiz verifica se estão presentes todos os requisitos para o prosseguimento da demanda, neste momento é proferida decisão declaratória da existência das condições da ação e dos pressupostos processuais.

Capítulo 13
DAS PROVAS

Prova é a palavra que deve ser compreendida como tudo o que pode influenciar, de alguma maneira, na formação da convicção do magistrado para decidir de uma forma ou de outra, acolhendo, no todo ou em parte, ou rejeitando o pedido do autor e os eventuais demais pedidos de prestação da tutela jurisdicional que lhe são submetidos para julgamento[22].

As provas têm como objeto demonstrar a verdade dos fatos em que se funda a ação ou a defesa (art. 332, do CPC).

Não é sempre que as partes necessitarão produzir provas, pois não dependem de prova (art. 334, do CPC):

a) os fatos notórios, ou seja, aqueles de conhecimento pleno e indiscutível;
b) os fatos afirmados por uma parte e confessados pela parte contrária;
c) admitidos no processo como incontroversos;
d) aqueles fatos em favor dos quais milita a presunção de existência ou veracidade.

Embora o CPC preveja apenas sete meios de prova, este rol é meramente exemplificativo, pois nos termos do art. 332, do CPC, todos os meios legais, bem como os moralmente legítimos, ainda que não especificados.

O Autor tem o ônus de provar os fatos constitutivos de seu direito, enquanto o Réu tem o ônus de provar a existência dos fatos modificativos, extintivos ou impeditivos do direito do Autor (art. 333, do CPC).

---
22 SCARPINELLA BUENO, Cássio. *Curso Sistematizado de Direito Processual Civil* – Vol. 2 – Tomo I, São Paulo: Saraiva, 2007, p. 233.

A princípio não existe hierarquia entre as provas, mas o juiz deverá indicar os motivos pelos quais atribui determinado valor a cada uma delas.

Foram arroladas pelo Código de Processo Civil as seguintes modalidades de provas:

a) depoimento pessoal (arts. 342/347, do CPC);
b) confissão (arts. 348/354, do CPC);
c) exibição de documento ou coisa (arts. 355/363, do CPC);
d) prova documental (arts. 364/399, do CPC);
e) prova testemunhal (arts. 400/419, do CPC);
f) pericial (arts. 420/439, do CPC);
g) inspeção judicial (arts. 440/442, do CPC)

13.1. DEPOIMENTO PESSOAL

É o meio de prova que tem por finalidade aclarar ao juiz, por intermédio de depoimento das partes, fatos relevantes do processo, a fim de facilitar seu julgamento (art. 342, do CPC).

A parte não é obrigada a depor (art. 347, do CPC):

a) sobre fatos criminosos ou torpes que lhe forem imputados;
b) a cujo respeito, por estado ou profissão, deva guardar sigilo.

Há a confissão quando ocorre a admissão pela parte da veracidade de um fato contrário ao seu interesse e favorável à parte contrária (art. 348, do CPC). A confissão poderá ser revogada quando emanar de erro, dolo ou coação. O instrumento hábil para tanto será (art. 352, do CPC):

a) a ação anulatória, se pendente o processo em que foi feita;
b) por ação rescisória (art. 485, do CPC), depois de transitada em julgado a sentença, da qual constituir o único fundamento.

13.2. DOCUMENTOS

A prova documental constitui documentos ou instrumentos públicos ou privados, capazes de, por si mesma, representar algum fato. Os instrumentos são confeccionados com a finalidade precípua de servirem de provas, enquanto os documentos são celebrados casualmente e, eventualmente, terão força probatória.

Quando houver arguição de falsidade de documento ou lhe for contestada a assinatura, o ônus incumbe à parte que arguir e, em se tratando de contestação da assinatura do documento, o ônus incumbirá à parte que produziu o documento (art. 389, do CPC).

Sempre que for apresentado documento novo o juiz deverá determinar que a parte contrária se manifeste no prazo de 5 dias (art. 398, do CPC).

13.3. TESTEMUNHAS

A testemunha é a pessoa capaz e estranha ao feito, chamada a juízo para depor o que sabe sobre os fatos litigiosos que ainda não tenham sido provados por documento ou confissão, ou que só por documento ou exame pericial puderem ser provados (art. 400, do CPC). Só se admitirá a prova exclusivamente testemunhal para a comprovação de existência de contratos cujo valor não exceda a 10 vezes o salário mínimo vigente no País, ao tempo de sua celebração (art. 401, do CPC).

Não poderão depor como testemunhas (art. 405, do CPC):

a) os incapazes[23];
b) os impedidos[24];
c) os suspeitos[25].

---

23 São considerados incapazes: a.1) o interdito por demência; a.2) o que, acometido por enfermidade, ou debilidade mental, ao tempo em que ocorreram os fatos, não podia discerni-los; ou, ao tempo em que deve depor, não está habilitado a transmitir as percepções; a.3) o menor de 16; a.4) o cego e o surdo, quando a ciência do fato depender dos sentidos que lhes faltam (art. 405, §1º, do CPC).

24 São considerados impedidos: b.1) o cônjuge, bem como o ascendente e o descendente em qualquer grau, ou colateral, até o terceiro grau, de alguma das partes, por consangüinidade ou afinidade, salvo se o exigir o interesse público, ou, tratando-se de causa relativa ao estado da pessoa, não se puder obter de outro modo a prova, que o juiz repute necessária ao julgamento do mérito; b.2) o que é parte na causa; b.3) o que intervém em nome de uma parte, como o tutor na causa do menor, o representante legal da pessoa jurídica, o juiz, o advogado e outros, que assistam ou tenham assistido as partes (art. 405, § 2º, do CPC).

25 São considerados suspeitos: c.1) o condenado por crime de falso testemunho, havendo transitado em julgado a sentença; c.2) o que, por seus costumes, não for digno de fé; c.3) o inimigo capital da parte, ou o seu amigo íntimo; c.4) o que tiver interesse no litígio (art. 405, § 3º, do CPC).

Ademais, as testemunhas não estão obrigadas a depor sobre fatos (art. 406, do CPC):

a) que lhe acarretem grave dano, bem como ao seu cônjuge e aos seus parentes consanguíneos ou afins, em linha reta, ou na colateral em segundo grau ou,
b) a cujo respeito, por estado ou profissão, deva guardar sigilo

Caso o juiz não especifique prazo para a apresentação do rol de testemunhas, o prazo será de 10 dias antes da audiência (art. 407, do CPC).

É lícito a cada parte oferecer, no máximo, 10 testemunhas; quando qualquer das partes oferecer mais de 3 testemunhas para a prova de cada fato, o juiz poderá dispensar as restantes (parágrafo único, do art. 407, do CPC).

13.4. PROVAS PERICIAIS

Prova pericial é aquela destinada a demonstrar fatos litigiosos que exigem conhecimento técnico ou científico que o juiz não tem. Poderá ser por vistoria, exame ou avaliação (art. 420, do CPC).

Após a nomeação do perito pelo juiz, as partes, em 5 dias, indicarão assistentes técnicos de sua confiança (art. 422, do CPC) e apresentarão os quesitos que o perito deverá responder (incs. I e II, do art. 420, do CPC).

O perito poderá ser substituído quando (art. 424, do CPC):

a) carecer de conhecimento técnico ou científico;
b) sem motivo legítimo, deixar de cumprir encargo no prazo que lhe foi assinado.

13.5. INSPEÇÃO JUDICIAL

Trata-se de meio de prova onde há o deslocamento do juiz, a fim de inspecionar pessoas e coisas, para esclarecimentos sobre fatos que interessem ao julgamento da causa (art. 440, do CPC).

13.6. AUDIÊNCIA DE INSTRUÇÃO E JULGAMENTO E SENTENÇA

A audiência de instrução e julgamento é o ato processual solene, realizado na sede do juízo, que se presta à colheita da prova oral, à oitiva pessoal das partes e de seus procuradores, bem como à prolação da sentença, em regra.

Nesta audiência, as provas serão produzidas na seguinte ordem (art. 452, do CPC):

a) o perito e os assistentes técnicos responderão aos quesitos de esclarecimentos;
b) o juiz tomará os depoimentos pessoais, primeiro do autor e depois do réu e,
c) finalmente, serão inquiridas as testemunhas arroladas pelo autor e pelo réu.

Capítulo 15
SENTENÇA

Sentença, nos termos da lei, é "o ato do juiz que implica alguma das situações previstas no art. 267 e 269", do CPC (art. 162, § 1º, do CPC). A sentença pode apresentar a resolução do processo pelo mérito ou se ater meramente às questões processuais. As sentenças podem ser diferenciadas entre si, sendo meramente declaratórias, condenatórias ou constitutivas.

A sentença declaratória, consiste na declaração de certeza sobre a existência ou inexistência de uma relação jurídica ou sobre a autenticidade ou falsidade de documento.

Já as sentenças condenatórias são aquelas através das quais se cria uma obrigação para o vencido, consistente em fazer, não fazer ou dar alguma coisa e que dão ensejo à fase de cumprimento de sentença, na hipótese de inadimplemento.

Sentenças constitutivas são aquelas através das quais se cria, modifica ou se extingue uma relação jurídica, podendo ser positivas ou negativas – desconstitutivas.

Toda sentença deve apresentar (art. 458, do CPC):

a) um relatório contendo os nomes das partes, pedidos, defesas em síntese um resumo das ocorrências havidas no processo;
b) a fundamentação ou motivação, ou seja, a indicação das razões pelas quais chegou àquela decisão e,
c) a parte dispositiva ou conclusão, o *"decisum"* propriamente dito, tópico final da sentença, em que se resume a decisão.

A sentença pode se apresentar *extra petita*, *citra* ou *infra petita* ou, ainda, *ultra petita*. *Extra petita* – é aquela em que se concede, ou não se concede, expressamente coisa diversa da que fora pleiteada. *Citra* ou *infra petita* - é aquela em que há desconsideração de parte do que foi pedido. *Ultra petita* – é aquela capaz de gerar efeitos jurídicos mais amplos dos que foram pleiteados pelas partes.

Capítulo 16
COISA JULGADA

Coisa julgada representa a imutabilidade daquilo que constou no dispositivo da sentença, e surge com o trânsito em julgado da decisão. É a indiscutibilidade de seu conteúdo, que se verifica após o esgotamento de todos os recursos eventualmente cabíveis (art. 5º, inc. XXXVI, da CF/88).

O princípio que baseia a coisa julgada é o da segurança jurídica, a necessidade de que se evite a perpetuação dos litígios.

As formas de ataque à sentença transitada em julgado são as seguintes:

a) ação Rescisória, nas hipóteses do art. 485, do CPC, a ser ajuizada no prazo de 2 anos a contar do trânsito em julgado;
b) a utilização da impugnação ao cumprimento de sentença, nas hipóteses taxativamente previstas no art. 475-L, do CPC;
c) utilização da teoria da relativização ou flexibilização da coisa julgada, sempre que o conteúdo da decisão for manifestamente ofensivo a um valor constitucionalmente protegido.

A coisa julgada pode ser formal ou material. A coisa julgada material é a imutabilidade da sentença dentro e fora do processo em que foi proferida (é fenômeno extraprocessual). É o que se verifica, em regra, nas sentenças de mérito (art. 467, do CPC). A coisa julgada formal é a imutabilidade da sentença dentro do mesmo processo em que foi proferida, o que não impede que o tema volte a ser discutido em outro processo.

A coisa julgada apresenta limites objetivos e subjetivos, são eles:

a) limites objetivos – só aquilo que estiver no dispositivo da sentença é que se torna imutável. Nos termos do art. 469, do CPC, não fazem coisa julgada os motivos (a fundamentação) da decisão, nem a verdade dos fatos nela estabelecida, bem como a solução dada às questões prejudiciais, decididas incidentalmente;

b) **limites subjetivos** – a sentença faz coisa julgada entre as partes em que é dada, não beneficiando nem prejudicando terceiros. Logo, quem não foi parte no processo não é atingido pela imutabilidade daquilo que restou decidido (art. 468, do CPC).

Capítulo 17
LIQUIDAÇÃO DE SENTENÇA

Por vezes, o juiz, ao proferir a sentença, não consegue, naquele momento, determinar o valor da obrigação, razão pela qual é necessária a liquidação da sentença. Assim, é possível se dizer que liquidar uma sentença implica em dar valor, estipular um *quantum* para esta determinada sentença.

Com a alteração dada pela Lei nº 11.232/2005, a liquidação de sentença que antes consistia em processo de conhecimento, autônomo e independente, agora se tornou uma simples fase, um incidente do próprio processo em que a sentença foi proferida. Vale dizer, fase posterior à sentença e anterior ao "cumprimento de sentença"[26]. Não será possível ao juiz proferir sentença ilíquida quando, no rito sumário, houver condenação em ressarcimento de danos causados por acidente de veículo ou quando houver sentença condenatória de cobrança de seguro, relativamente aos danos causados em acidente de veículo (art. 475-A, § 3º, do CPC).

Quando a sentença for em parte líquida e em parte ilíquida o credor promoverá simultaneamente a execução da parte líquida e a liquidação em autos apartados da parte ilíquida (§ 2º, do art. 475-I, do CPC).

Para que se inicie a liquidação, basta a elaboração de simples petição dirigida ao juiz prolator da sentença liquidanda. Não se instaura nova relação jurídica processual no caso, daí a necessidade de ajuizamento de nova ação.

O Código de Processo Civil estipula dois tipos de liquidação de sentença. São eles:

a) arbitramento;
b) artigos.

---

[26] WAMBIER, Luiz Rodrigues. *et al. Curso Avançado de Processo Civil – V. 1*, São Paulo: RT, 8ª edição, 2006, p. 89.

Ressalte-se que os meros cálculos aritméticos não são modalidade de liquidação de sentença, pois neste caso ela já é líquida, os meros cálculos, portanto, têm por objetivo, instruir o cumprimento da sentença com memória discriminada e atualizada do débito.

Dar-se-á os meros cálculos sempre que o indivíduo, valendo-se do conhecimento de uma pessoa comum, consiga preparar referidos cálculos, para atingir o valor discriminado e atualizado da obrigação objeto da sentença. Quando, para a elaboração dos cálculos, o credor dependa de dados existentes em poder do devedor ou de terceiro, o juiz, a requerimento do credor, poderá requisitá-los, fixando prazo de até 30 dias para o cumprimento da diligência. (§ 1º, do art. 475-B, do CPC).

Vale consignar que, se os dados não forem, injustificadamente, apresentados pelo devedor, serão presumidos corretos os cálculos apresentados pelo credor, e, se não o forem pelo terceiro, o juiz poderá expedir mandado de apreensão, requisitando, inclusive, força policial, sem prejuízo da responsabilidade por crime de desobediência (art. 362, do CPC).

Será realizada a liquidação por arbitramento sempre que o juiz, para chegar ao *quantum* da sentença, precise que seja avaliada uma coisa, um serviço ou um prejuízo e, neste caso, seja imprescindível a elaboração de um laudo por alguém que detenha conhecimento técnico especializado.

O art. 475-C, do CPC, descreve as hipóteses de liquidação por arbitramento como sendo quando:

a) determinado pela sentença ou convencionado pelas partes;
b) o exigir a natureza do objeto da liquidação.

De acordo com o art. 475-D, do CPC, na liquidação por arbitramento, o juiz nomeará perito de sua confiança e fixará o prazo para a entrega do laudo. Após apresentado o laudo, as partes poderão se manifestar no prazo de 10 dias.

Por fim, o juiz proferirá decisão ou designará, se necessário, audiência. Em todo caso, aplica-se concomitantemente, no que couber, o regime da prova pericial expresso nos arts. 420/439, do CPC.

A liquidação por artigos será utilizada, sempre que para determinar o valor da condenação, houver necessidade de alegar e provar fatos novos (art. 475-E, do CPC).

A liquidação por artigos, deverá seguir o Rito Comum que, diga-se, poderá ser o Rito Sumário ou o Rito Ordinário (art. 475-F, do CPC). Em regra, a liquidação segue o rito anteriormente observado no processo principal. Vale dizer, se o processo principal seguiu o Rito Ordinário, a liquidação segue o Rito Ordinário e, por sua vez, se o processo principal seguiu o Rito Sumário, a liquidação segue o Rito Sumário.

Na hipótese de que o processo principal tenha seguido um Rito Especial, a liquidação seguirá o Rito Sumário ou Ordinário, de acordo com o valor da causa apresentado na petição inicial da liquidação.

Na liquidação de sentença não será possível a rediscussão da lide (mérito), nem a modificação da decisão. Cumpre, tão-somente, a estipulação de um valor para aquela sentença ilíquida (art. 475-E, do CPC).

Da decisão proferida na liquidação de sentença, por se tratar de decisão interlocutória, o recurso cabível será o Agravo de Instrumento (art. 475-H, do CPC).

Capítulo 17
CUMPRIMENTO DE SENTENÇA

As principais leis que alteraram o novo sistema de execução do Código de Processo Civil são as Leis nº. 11.232/05 e 11.382/06. As vias atualmente disponíveis são:

a) o cumprimento de sentenças condenatórias, ou outras que a lei atribuir igual força (arts. 475-I e 475-N, CPC);
b) o processo de execução dos títulos extrajudiciais enumerados no art. 585, que se sujeita aos diversos procedimentos do Livro II, CPC.
c) a execução coletiva ou concursal para os casos de devedor insolvente (arts. 748 a 782, CPC).

São títulos executivos judiciais (art. 475-N, do CPC):

a) a sentença proferida no processo civil que reconheça a existência de obrigação de fazer, não fazer, entregar coisa ou pagar quantia;
b) a sentença penal condenatória transitada em julgado;
c) a sentença homologatória de conciliação ou de transação, ainda que inclua matéria não posta em juízo;
d) a sentença arbitral;
e) o acordo extrajudicial, de qualquer natureza, homologado judicialmente;
f) a sentença estrangeira, homologada pelo Superior Tribunal de Justiça;
g) o formal e a certidão de partilha, exclusivamente em relação ao inventariante, aos herdeiros e aos sucessores a título singular ou universal.

17.1. CUMPRIMENTO DE SENTENÇA RELATIVAS ÀS OBRIGAÇÕES DE FAZER E NÃO FAZER

Trata-se de cumprimento de sentença cuja condenação tenha obrigado o Executado a alguma obrigação de fazer ou não fazer. É modalidade de tutela específica e a execução, na forma de cumprimento de sentença, é reafirmada pelos termos do art. 475-I, do CPC.

Esclareça-se que a execução de obrigação de fazer ou não fazer decorrente de título executivo extrajudicial é processada na forma dos arts. 632/638, do CPC.

Caso o Executado não realize a obrigação consistente em fazer, o juiz poderá, no caso de não cumprimento da obrigação, impor multa diária ao réu, independentemente de pedido do autor, se for suficiente ou compatível com a obrigação, fixando-lhe prazo razoável para o cumprimento do preceito. Se mesmo com a multa diária o Executado não cumprir a obrigação, o juiz poderá valer-se de medidas de apoio para obrigá-lo ao cumprimento, como, busca e apreensão, remoção de pessoas e coisas, desfazimento de obras e impedimento de atividade nociva, se necessário com requisição de força policial (art. 461, §§ 4º e 5º, do CPC).

17.2. CUMPRIMENTO DE SENTENÇA RELATIVAS ÀS OBRIGAÇÕES DE DAR COISA CERTA E INCERTA

O cumprimento de sentença para a entrega de coisa consiste em modalidade de obrigação decorrente de sentença condenatória onde o juiz determina que o executado entregue alguma coisa ao exequente, seja ela certa ou incerta.

Seu permissivo como fase de cumprimento de sentença se deu com o art. 475-I, do CPC e seu procedimento vem regulado no art. 461-A, do CPC. Vale lembrar que a execução de dar coisa certa ou incerta decorrente de título executivo extrajudicial, vem regulada nos arts. 621/630, do CPC.

Verifica-se que a coisa é certa quando se trata de coisa individualizada, sobre a qual não haja dúvida ser ela entre as demais coisas. De outra parte, a coisa incerta é aquela que apenas se tem conhecimento pelo gênero e pela quantidade.

Em sede de cumprimento de sentença, o juiz, ao sentenciar, fixará um prazo para que o Réu cumpra a obrigação de entregar a coisa. Caso não seja cumprida a obrigação no prazo fixado, será expedido mandado de busca e apreensão ou de imissão na posse, caso se trate de bem móvel ou imóvel (art. 461-A, do CPC). Nada impede que o juiz, se entender oportuno ou a requerimento da parte se utilize da multa (astreintes) ou das "medidas de apoio" dos §§ 4º e 5º, do art. 461, para o cumprimento da obrigação (art. 461-A, § 3º, do CPC). No caso de entrega de coisa incerta, antes de iniciado o prazo para o cumprimento da sentença, o credor individualizará a coisa, se a ele couber esta obrigação.

Em se tratando de individualização de obrigação do devedor, tão logo seja citado, deverá especificar a coisa objeto da obrigação (§ 1º, do art. 461-A, do CPC).

17.3. CUMPRIMENTO DE SENTENÇA PARA PAGAMENTO DE QUANTIA CERTA

Após a prolação da decisão, devidamente transitada em julgado, aguarda-se do devedor, obrigado ao pagamento de quantia certa, o cumprimento integral e espontâneo de sua obrigação. Entretanto, se não o fizer no prazo disposto na lei, iniciará contra ele, o cumprimento forçado da sentença condenatória ao pagamento da quantia certa, impondo-lhe multas, constrição e expropriação de seus bens.

O art. 475-J, do Código de Processo Civil, expressamente prevê que o devedor condenado ao pagamento de quantia certa ou já fixada em liquidação, deverá efetuar o pagamento no prazo de 15 dias, pois se não o fizer, sobre o valor da condenação, será acrescida multa de 10%.

Muito se discute ainda na doutrina e jurisprudência acerca do início da contagem do prazo para o cumprimento da sentença relativa à obrigação de pagar quantia certa. Dentre todas as propostas, as mais pujantes são as que defendem[27]:

---

27 MELO MONTEIRO, Vítor J. de. et al. *Da multa no cumprimento de sentença. Execução Civil e Cumprimento de Sentença* – Vol. 1, São Paulo: Método, 2007, pp. 495/499.

a) que o prazo se inicia quando a sentença se torna exequível, ou seja, após o trânsito em julgado, ou mesmo quando for impugnada por recurso destituído de efeito suspensivo;
b) o início do prazo se dá após o retorno dos autos do Tribunal e consequente prolação da decisão de cumprimento do acórdão proferido na Corte;
c) após o trânsito em julgado, ou seja, apenas de sentenças definitivamente julgadas.

Entretanto, o Superior Tribunal de Justiça, ao menos por enquanto, por intermédio do Recurso Especial nº 954.859, de relatoria do Ministro aposentado Humberto Gomes de Barros, à época, da 3ª Turma do STJ, decidiu que o prazo de 15 dias inicia-se automaticamente, a partir do trânsito em julgado da sentença condenatória (item "c").

Veja a ementa:

> *"LEI 11.232/2005. ART. 475-J, CPC. CUMPRIMENTO DA SENTENÇA. MULTA. TERMO INICIAL. INTIMAÇÃO DA PARTE VENCIDA. DESNECESSIDADE. 1. A intimação da sentença que condena ao pagamento de quantia certa consuma-se mediante publicação, pelos meios ordinários, a fim de que tenha início o prazo recursal. Desnecessária a intimação pessoal do devedor. 2. Transitada em julgado a sentença condenatória, não é necessário que a parte vencida, pessoalmente ou por seu advogado, seja intimada para cumpri-la. 3. Cabe ao vencido cumprir espontaneamente a obrigação, em 15 dias, sob pena de ver sua dívida automaticamente acrescida de 10%." (DJ 27/08/2007 p. 252).*

Esse é o entendimento mais adotado até o momento.

Transcorrido o prazo de 15 dias, sem que o devedor pague a integralidade do débito, o Autor requererá, com a prévia juntada do demonstrativo atualizado do débito (art. 614, II, do CPC), que conterá, inclusive, a multa de 10% (art. 475-J), seja expedido mandado de penhora e avaliação dos bens do Devedor.

Vale consignar que o credor poderá, no requerimento, indicar os bens a serem penhorados (§ 3º, art. 475-J, CPC).

Caso a obrigação seja cumprida apenas parcialmente, a multa de 10%, do art. 475-J, do CPC, incidirá apenas sobre o valor restante (§ 4º, do art. 475-J, do CPC).

Após a confecção do auto de penhora e avaliação, será imediatamente intimado o devedor:

a) na pessoa de seu advogado;
b) na falta deste, na pessoa de seu representante legal e,
c) ou pessoalmente, por mandado ou pelo correio.

Regularmente intimado, o devedor poderá oferecer impugnação (§ 1º, do art. 475-J, do CPC). Caso o oficial de justiça não se entenda capacitado para realizar a avaliação, o juiz, de imediato, nomeará avaliador, assinando-lhe breve prazo para a entrega do laudo (§ 2º, do art. 475-J, do CPC).

Caso a execução não seja requerida dentro do prazo de 6 (seis) meses o juiz determinará o arquivamento do processo, não obstante possa o Credor, posteriormente, requerer seu desarquivamento. (§ 5º, do art. 475-J, do CPC). Trata-se a impugnação de modalidade de defesa do executado, já em fase de cumprimento de sentença. Tem natureza de incidente processual e, por esse motivo, é julgada por decisão interlocutória. Seu oferecimento necessita prévia garantia do juízo, na forma do art. 475-J e § 1º, do CPC. O prazo para oferecimento de impugnação é de 15 dias (art. 475-J, § 1º, do CPC).

O art. 475-L, do CPC, traz em seus incisos, rol taxativo de hipóteses de defesa que poderão ser alegadas em sede de impugnação. São elas:

a) falta ou nulidade da citação, se o processo correu à revelia;
b) inexigibilidade do título;
c) penhora incorreta ou avaliação errônea;
d) ilegitimidade das partes;
e) excesso de execução e,
f) qualquer causa impeditiva, modificativa ou extintiva da obrigação, como pagamento, novação, compensação, transação ou prescrição, desde que superveniente à sentença.

O título se considera exigível se nele contiver a obrigação de cumprimento imediato de uma ordem como, por exemplo, na sentença condenatória transitada em julgada. Sendo assim, enquanto não for cumprida aquela obrigação, restará exigível o título. Do contrário, assim que cumprida a obrigação, o título não mais será exigível.

O § 1º, do art. 475-L, dispõe que considerar-se-á também inexigível o título judicial:

a) fundado em lei ou ato normativo declarados inconstitucionais pelo Supremo Tribunal Federal;
b) fundado em aplicação ou interpretação da lei ou ato normativo tidas pelo Supremo Tribunal Federal como incompatíveis com a Constituição Federal.

Ocorre o excesso de execução quando o credor pleiteia quantia superior à efetivamente devida e constante da sentença.

Neste, o executado deverá declarar de imediato o valor que entende correto, sob pena de rejeição liminar da impugnação (§ 2º, do art. 475-L, do CPC).

A impugnação, em regra, não será recebida no efeito suspensivo. Entretanto, o juiz poderá atribuir o efeito suspensivo, se verificar:

a) que são relevantes os fundamentos da impugnação e,
b) que o prosseguimento da execução possa causar ao executado grave dano e de difícil reparação.

Se mesmo após atribuído efeito suspensivo o credor insistir no prosseguimento da execução, poderá fazê-lo, desde que preste caução suficiente e idônea, arbitrada pelo juiz e prestada nos próprios autos (art. 475-M, § 3º, do CPC).

Se o efeito suspensivo for deferido pelo juízo, a impugnação seguirá nos mesmos autos. Entretanto, no caso de não ser deferido o efeito suspensivo, a impugnação seguirá em autos apartados (§ 2º, do art. 475-M, do CPC).

Se a decisão que apreciar a impugnação importar na sua extinção, o recurso cabível será a Apelação, em todos os demais casos, o recurso cabível será o Agravo de Instrumento (art. 475-M, § 3º, do CPC).

Dar-se-á a execução provisória todas as vezes que a sentença ou acórdão estiver sendo impugnada por recurso ao qual não tenha sido atribuído efeito suspensivo (§ 1º, do art. 475-I, do CPC). A execução provisória se processará, no que couber, do mesmo modo que a definitiva. Entretanto, se iniciará por vontade, conta e responsabilidade do Exequente, pois se eventualmente a sentença for reformada, restará a obrigação em reparar os danos que o Executado tenha sofrido (art. 475-O, do CPC).

Em alguns casos, quando os autos principais do processo forem remetidos ao Tribunal de Justiça poderá ocorrer a formação de autos independentes denominados carta de sentença, formados em razão da interposição do recurso que não foi recebido no efeito suspensivo.

Vale dizer, a carta de sentença abarcará a execução provisória, enquanto aguarda-se o trânsito em julgado do processo principal que, por sua vez, culminará na execução definitiva.

A carta de sentença será instruída com as seguintes cópias do processo principal (art. 475-O, § 3º, do CPC):

a) sentença ou acórdão exequendo;
b) certidão de interposição do recurso não dotado de efeito suspensivo;
c) procurações outorgadas pelas partes;
d) decisão de habilitação se for o caso e,
e) facultativamente, outras peças processuais que o exequente considere necessárias.

Vale lembrar que referidas cópias deverão estar autenticadas, ou então, poderão ser declaradas autênticas pelo advogado, sob sua responsabilidade pessoal. Os danos do executado decorrentes de eventual reforma da sentença no Tribunal, serão apurados nos próprios autos, via liquidação por arbitramento (art. 475-O, inc. II, do CPC). Vale ressaltar que se a sentença for modificada ou anulada apenas em parte, o juízo levará este fato relevante em conta na apuração dos danos.

Desde que haja prestação caução suficiente e idônea pelo exequente, é possível o levantamento de depósito em dinheiro ou a prática de atos que importem alienação de propriedade em sede de Execução Provisória, sendo certo que a referida caução será arbitrada de plano pelo juiz e prestadas nos próprios autos (art. 475-O, inc. III, do CPC).

A caução mencionada estará dispensada (art. 475-O, § 2º, do CPC):

a) quando, nos casos de crédito de natureza alimentar ou decorrente de ato ilícito, até o limite de 60 vezes o valor do salário-mínimo, o Exequente demonstrar situação de necessidade ou,
b) nos casos de execução provisória em que penda Agravo de Instrumento junto ao Supremo Tribunal Federal ou ao Superior Tribunal de Justiça (art. 544), salvo quando da dispensa possa manifestamente resultar risco de grave dano, de difícil ou incerta reparação.

Por fim, a aprovação do levantamento dos valores ou alienação de bens pelo juiz, não antecede a verificação de que essa dispensa não cause a irreversibilidade da situação do processo. Do contrário, o juiz não deverá dispensar a caução.

Ademais, considerando que o art. 475-O, do CPC, dispõe que a execução provisória será feita do mesmo modo que a definitiva, é possível se dizer que as regras de competência do art. 475-P, do CPC serão aplicáveis ao cumprimento de sentença ainda provisório.

Portanto, a execução provisória poderá ser processada:

a) perante os Tribunais, nas causas de sua competência originária;
b) perante o juízo que processou a causa no primeiro grau de jurisdição;
c) perante o juízo cível competente, quando se tratar de sentença penal condenatória, de sentença arbitral ou de sentença estrangeira;
d) pelo juízo do local onde se encontram bens sujeitos à expropriação ou,
e) pelo do atual domicílio do executado.

Capítulo 18
AÇÃO RESCISÓRIA

A ação rescisória é aquela intentada por quem deseja rescindir a sentença de mérito, já transitada em julgado, a fim de que seja restabelecida a verdade jurídica em sua posição anterior. A ação rescisória não é recurso[28].

Nos termos do art. 495, do CPC, o prazo para o ajuizamento da ação rescisória é de 2 anos, contados do trânsito em julgado da decisão. Vale ressaltar que referido prazo é decadencial.

A sentença pode ser rescindida quando:

a) se verificar que foi dada por prevaricação, concussão ou corrupção do juiz;
b) proferida por juiz impedido ou absolutamente incompetente;
c) resultar de dolo da parte vencedora em detrimento da parte vencida, ou de colusão entre as partes, a fim de fraudar a lei;
d) ofender a coisa julgada;
e) violar literal disposição de lei;
f) se fundar em prova, cuja falsidade tenha sido apurada em processo criminal ou seja provada na própria ação rescisória;
g) depois da sentença, o autor obtiver documento novo, cuja existência ignorava, ou de que não pôde fazer uso, capaz, por si só, de lhe assegurar pronunciamento favorável;
h) houver fundamento para invalidar confissão, desistência ou transação, em que se baseou a sentença;
i) fundada em erro de fato, resultante de atos ou de documentos da causa.

---

28 YARSHELL, Flávio Luiz. *Ação Rescisória - Juízos Rescindente e Rescisório*, São Paulo: Malheiros, 2005, p. 23.

Tem legitimidade para propor a ação rescisória (art. 487, do CPC):

a) quem foi parte no processo ou o seu sucessor a título universal ou singular;
b) o terceiro juridicamente interessado;
c) o Ministério Público:
   c.1) se não foi ouvido no processo, em que lhe era obrigatória a intervenção e;
   c.2) quando a sentença é o efeito de colusão das partes, a fim de fraudar a lei.

A petição inicial da ação rescisória deverá ser elaborada com observância dos requisitos essenciais do art. 282, do CPC, devendo o autor (art. 488, do CPC):

a) cumular ao pedido de rescisão, se for o caso, o de novo julgamento da causa;
b) depositar a importância de 5% sobre o valor da causa, a título de multa, caso a ação seja, por unanimidade de votos, declarada inadmissível, ou improcedente.

O ajuizamento da ação rescisória não impede o cumprimento da sentença ou acórdão rescindendo, ressalvada a concessão, caso imprescindíveis e sob os pressupostos previstos em lei, de medidas de natureza cautelar ou antecipatória de tutela (art. 489, do CPC).

Caso o autor não efetue o recolhimento das custas iniciais da rescisória a petição inicial deve ser indeferida. Vale lembrar que o Ministério Público, a União, o Estado e o Município, não estão sujeitos a esse depósito, caso sejam Autores da ação rescisória (parágrafo único, do art. 488, do CPC).

O juízo competente para o processamento da ação rescisória é o do Tribunal de Justiça do Estado onde foi proferida a sentença ou acórdão rescindendo ou no Supremo Tribunal Federal e no Superior Tribunal de Justiça, na forma dos seus regimentos internos.

O relator mandará citar o réu, assinando-lhe prazo nunca inferior a 15 dias nem superior a 30 para responder aos termos da ação (art. 491, do CPC).

Em sede de ação rescisória é possível, ainda, a produção de provas.

Se os fatos alegados pelas partes dependerem de prova, o relator delegará a competência ao juiz de direito da comarca onde deva ser produzida, fixando prazo de 45 a 90 dias para a devolução dos autos (art. 492, do CPC).

Caso a ação seja julgada procedente, o tribunal rescindirá a sentença, proferirá, se for o caso, novo julgamento e determinará a restituição do depósito (art. 494, do CPC).

Se declarada inadmissível ou improcedente a ação, a importância do depósito de 5% sobre o valor da causa, exigido pelo art. 488, II, do CPC, reverterá a favor do réu (art. 494, do CPC).

Apenas uma observação no Direito do Trabalho, necessita de um depósito prévio de 20% sobre a condenação ou valor de causa, conforme art. 836 da CLT.

Capítulo 19
RECURSOS

19.1. TEORIA GERAL DOS RECURSOS

Recurso é o poder que se reconhece à parte vencida em qualquer incidente ou no mérito da demanda de provocar o reexame da questão decidida, pela mesma autoridade judiciária, ou por outra hierarquia superior[29]. Referido termo indica todo e qualquer meio com o fim de defender ou preservar um direito[30]. Acrescenta-se à este conceito a informação de que não só à parte vencida é dado recorrer, mas também ao Ministério Público, ou ao terceiro prejudicado (art. 499, do CPC).

O recurso é um ônus processual, porquanto está ligado à faculdade da parte de recorrer. Não se trata, portanto, de obrigação. Entretanto, não sendo utilizado no momento oportuno, acarretará na preclusão do ato e, via de consequência, na formação da coisa julgada. De outra parte, há na doutrina, um complemento à ideia desta natureza jurídica que defende ser o poder de recorrer *"...simples aspecto, elemento, modalidade ou extensão do próprio direito de ação exercido no processo..."*.[31]

Os princípios fundamentais que norteiam o sistema recursal são:

a) o duplo grau de jurisdição;
b) a taxatividade;

---

29 MARTINS, Pedro Batista. *Recursos e Processos de Competência Originária dos Tribunais*, 1957, p. 144, apud, MARQUES, José Frederico, *Instituições de Direito Processual Civil* - Vol. IV, Millennium, 1ª ed., 2000, atualizada por Ovídio Barros Sandoval, p. 1.
30 LIMA, Alcides de Mendonça. *Introdução aos Recursos Cíveis*. São Paulo: RT, 2ª edição, 1976, p. 124.
31 Barbosa Moreira, José Carlos. *Comentários*, n. 137, p. 236, apud Araken de Assis, *Manual de Recursos*, RT, p. 35.

c) a singularidade;
d) a fungibilidade e,
e) da proibição da *reformatio in pejus*.

O **Duplo Grau de jurisdição** é a oportunidade que se dá à parte sucumbente, se entender desarrazoada ou viciada a decisão judicial prolatada sobre o seu direito, de impugnar esta decisão para o mesmo ou para outro órgão da jurisdição. Vale lembrar que a utilização dos recursos encontra limitações de ordem legal (princípio de ordem pública), restringindo-se seu cabimento e suas hipóteses de incidência.

Com a finalidade de barrar o uso indiscriminado de impugnações das decisões judiciais pelas partes, há um limitador ao princípio do duplo grau de jurisdição, representado pelo **Princípio da Taxatividade** dos recursos que, por sua vez, através do art. 496, do CPC, identifica os recursos em *numerus clausus*. São eles:

a) apelação;
b) agravo;
c) embargos infringentes;
d) embargos de declaração;
e) recurso ordinário;
f) recurso especial;
g) recurso extraordinário;
h) embargos de divergência em recurso especial e em recurso extraordinário.

Vale lembrar que a lei federal pode designar outros tipos de recursos, como o fez, por exemplo, com os Embargos Infringentes, dispostos no art. 34, da Lei nº 6.830/80 (Lei de Execução Fiscal), ou o Recurso Inominado, disposto no art. 41, da Lei nº 9.099/95 (Lei dos Juizados Especiais).

De acordo com o **Princípio da Singularidade**, em regra, para cada ato judicial recorrível há um único recurso previsto pelo ordenamento, sendo vedada a interposição simultânea ou cumulativa de mais outro visando a impugnação do mesmo ato judicial[32]. Diz-se em regra, pois

---
32 NERY JUNIOR, Nelson. *Teoria Geral dos Recursos*. São Paulo: RT, 6ª edição, 2004, p. 119.

há exceções no sistema em que de apenas uma decisão caberão dois recursos. A título de exemplo é possível destacar que do acórdão que, em um só tempo, resolver questão federal e constitucional, será possível a interposição conjunta dos Recursos Especial e Extraordinário.

Segundo o Princípio da Fungibilidade considerando que o termo tem o sentido de troca/substituição, é possível se dizer que se trata de princípio que permite ao julgador a troca/substituição de um recurso interposto erroneamente, por outro, na eventualidade de haver dúvida objetiva sobre qual recurso deveria ter sido interposto. Em contrapartida, ao julgador é dado verificar se a parte não cometeu erro grosseiro na interposição do referido recurso, sob pena de que o referido princípio não possa ser utilizado. Por erro grosseiro entende-se a interposição de um recurso quando a lei expressamente prevê a interposição de outro.

O princípio da proibição da *reformatio in pejus* demonstra que o sistema recursal proibiu ao julgador de 2ª instância a reforma da sentença com vistas à piorar a situação do Recorrente, seja porque extrapolaria o âmbito da devolutividade, ou mesmo porque não houve recurso da parte contrária. Vale lembrar, entretanto, que é permitido ao julgador conhecer das matérias de ordem pública, ainda que não alegadas, consoante o disposto no art. 267, § 3º, do CPC, combinado com o entendimento extraído do princípio inquisitório.

Destaque-se, ainda, a existência dos conhecidos sucedâneos de recursos, pois em que pese não sejam recursos, fazem as vezes, tendo em vista sua finalidade. São alguns deles, a título de exemplo:

a) pedido de reconsideração;
b) remessa obrigatória (art. 475, do CPC) e,
c) ação rescisória (art. 485, CPC).

19.2. ADMISSIBILIDADE DOS RECURSOS

O juízo de admissibilidade pressupõe a verificação das exigências/ pressupostos formais para o processamento de determinados recursos. Referidos pressupostos são divididos em subjetivos e objetivos. Quanto aos pressupostos subjetivos é possível se destacar a legitimidade e o interesse recursal. De outra parte, os pressupostos objetivos consistem na verificação da tempestividade, cabimento, recolhimento do preparo e inexistência de fatos modificativos ou extintivos do direito perseguido naquele determinado recurso.

19.3. EFEITOS DOS RECURSOS

A doutrina moderna traz, como efeitos dos recursos:
a) o devolutivo;
b) o suspensivo;
c) o expansivo;
d) o translativo e,
e) o substitutivo[33].

Ao efeito devolutivo cabe a devolução ao Tribunal, para reapreciação, da matéria efetivamente impugnada. Vale dizer, o Tribunal só poderá julgar a matéria limitada pelas razões recursais, limitadas pelo pedido de nova decisão. De outra parte, o efeito suspensivo consiste na suspensão da eficácia executiva da decisão recorrida, até o trânsito em julgado da decisão, superadas as questões trazidas no recurso interposto daquela referida decisão.

O efeito expansivo ocorre quando o julgamento do recurso atinge matéria não alegada no recurso ou parte diversa da recorrente. O efeito translativo, por sua vez, possibilita ao Tribunal o conhecimento de matéria não impugnada, desde que se trate de matéria de ordem pública (art. 516, CPC).

Por fim, o efeito substitutivo se dá com a decisão sobre o mérito do recurso que, eventualmente substituirá parcial ou integralmente a decisão recorrida.

Os recursos indicados taxativamente no art. 496, do Código de Processo Civil são:

a) apelação;
b) agravo;

---

[33] NERY JUNIOR, Nelson. *Teoria Geral dos Recursos*. São Paulo: RT, 6ª edição, 2004, p. 428/488.

c) embargos infringentes;
d) embargos de declaração;
e) recurso ordinário;
f) recurso especial;
g) recurso extraordinário;
h) embargos de divergência em recurso especial e em recurso extraordinário.

19.4. LEGITIMIDADE RECURSAL

Tem legitimidade recursal a parte vencida, o terceiro prejudicado e o Ministério Público, consoante o disposto no art. 499, do CPC. Há também legitimidade recursal para o assistente litisconsorcial, na forma do art. 54, do CPC.

A parte só pode recorrer se vencida, isto porque seu interesse recursal está condicionado, necessariamente, ao fato de ter sucumbido em algo. Portanto, nas razões recursais, deve demonstrar necessidade e utilidade do recurso. O terceiro prejudicado, pela intelecção do § 1º, do art. 499, do CPC, deve demonstrar "o nexo de interdependência entre o seu interesse de intervir e a relação jurídica submetida à apreciação judicial".

Por fim, a legitimidade recursal do Ministério Público é ampla, podendo recorrer tanto no processo em que é parte, como nos que apenas participou como fiscal da lei (art. 499, § 2º, do CPC).

19.5. RENÚNCIA E DESISTÊNCIA

Ao recorrente é dado o direito de desistir a qualquer tempo do recurso, ou mesmo renunciar ao direito de recorrer e, para tanto, não será necessária a anuência do recorrido ou de eventuais litisconsortes no processo, de acordo com o que se extrai dos art. 501 e 502, do CPC. Trata-se de direito unilateral do recorrente e, portanto, ligado à sua exclusiva manifestação de vontade. Daí concluir-se que, se quiser recorre, do contrário basta se subjugar ao direito manifestado pela decisão que seria passível de recurso.

19.6. PRAZOS PARA RECORRER

Primeiramente insta consignar que a contagem dos prazos recursais segue os preceitos de contagem dos prazos ordinários do processo (art. 184, do CPC). Sendo assim, os prazos serão computados, em regra, excluindo-se o dia do começo e incluindo-se o do vencimento. Assim, o prazo para a interposição dos recursos, respeitadas as regras acima demonstradas, contar-se-ão:

a) da data da leitura da sentença em audiência;
b) da intimação das partes, quando a sentença não for lida em audiência;
c) da publicação do dispositivo do acórdão no órgão oficial (art. 506, do CPC).

19.7. PREPARO RECURSAL

Preparo recursal é a necessidade do recolhimento das custas processuais e, inclusive, do porte de remessa e retorno do processo. Seu correto recolhimento deve ser comprovado já na interposição do recurso, pois é verificado em sede de juízo de admissibilidade do recurso. Sendo assim, a falta do recolhimento provocará o não conhecimento do recurso, pela ocorrência da deserção (art. 511, do CPC).

Quando exigido pela lei, o preparo deve ser regularmente realizado, sob pena da ocorrência da pena de deserção. Vale lembrar que, pelos termos do § 2º, do art. 511, do CPC, em sendo o preparo recolhido em valor insuficiente, não é dado ao julgador, de pronto, imputar ao recorrente a pena de deserção. Deve, primeiramente, intimá-lo para complementar o valor em 5 dias e, só após, constatando o descumprimento desta determinação, é que o recurso será considerado deserto.

O mesmo se diga se o apelante provar justo impedimento ao recolhimento oportuno do preparo, de acordo com o art. 519, do CPC. Referido dispositivo parece destinado a relevar a pena da deserção em casos de quando o depósito não haja sido feito, bem como para permitir que o juiz exiba a guia de preparo recolhida[34].

---

34 DINAMARCO. Cândido Rangel. *A Reforma do Código de Processo Civil*. São Paulo: Malheiros, 5ª edição, 2001, p. 167.

Capítulo 20
RECURSO ADESIVO

Trata-se de uma forma de interposição do Recurso de Apelação, Embargos Infringentes, Recurso Especial e Recurso Extraordinário. Ocorre quando a parte que sucumbiu reciprocamente com a decisão, em que pese inicialmente tenha se conformado com ela, possa recorrer adesivamente, quando intimado a contra-arrazoar o recurso da parte contrária.

Como o prazo para recorrer é comum, ainda que uma das partes tenha se conformado inicialmente com a decisão, ao ser surpreendida com o recurso da outra, pode ter interesse em recorrer agora daquela parte em que inicialmente não lhe interessara, caso em que se valerá do recurso adesivo[35].

Extrai-se do art. 500, do CPC, que os requisitos para interposição do recurso adesivo, pressupõem a sucumbência recíproca, o conformismo inicial do recorrente adesivo, que até o momento da intimação para contra-arrazoar o recurso da parte contrária, não havia manifestado interesse em recorrer, bem como que o recurso principal da parte contrária seja Recurso de Apelação, Embargos Infringentes, Recurso Especial e Recurso Extraordinário

Entre os recursos principal e adesivo há uma relação de dependência, pois, de acordo com o inc. III, do art. 500, do CPC, o recurso adesivo "não será conhecido, se houver desistência do recurso principal, ou se ele for declarado inadmissível".

O prazo para interposição do recurso adesivo é de 15 dias, a contar da intimação para contra-arrazoar o recurso principal apresentado pela parte contrária. Vale ressaltar que as contrarrazões e o recurso

---

[35] THEODORO JUNIOR. Humberto. *Curso de Direito Processual Civil* – Vol. I. Rio de Janeiro: Forense, 44ª edição, 2006, p.626.

adesivo devem ser apresentados em peças distintas, não sendo necessária a apresentação simultânea destas petições.

Insta salientar que o recurso adesivo sempre irá respeitar os requisitos do recurso principal.

Capítulo 21
APELAÇÃO

Apelação é o recurso cabível da sentença que, por sua vez, de acordo com o art. 162, § 1º, do CPC, é ato do juiz que implica extinguir o processo com ou sem resolução do mérito (arts. 267 e 269, do CPC). Assim, o recurso de apelação é utilizado para reformar ou anular as sentenças de mérito ou terminativas e, com o reexame das provas realizadas no processo, visa corrigir eventual injustiça na sentença recorrida que, porventura, tenha dado interpretação equivocada dos fatos, valorado erroneamente as provas, ou mesmo aplicado norma legal inadequada ao caso concreto[36].

O prazo para a interposição e resposta do Recurso de Apelação é de 15 dias, de acordo com o que dispõe o art. 508, do CPC.

A admissão do Recurso de Apelação pressupõe o preenchimento dos seus requisitos formais, quais sejam:

a) seja dirigido ao juízo prolator da sentença;
b) nome e qualificação das partes;
c) as razões recursais, ou seja, razões que denotam a necessidade de reforma ou anulação da sentença e,
d) o pedido de que seja proferida nova decisão, em substituição à recorrida (art. 514, do CPC).

É possível que o tribunal julgue de imediato a lide (mérito), quando o recurso decorra de sentença que extinguiu o processo sem resolução do mérito. Trata-se de alteração provocada no Código de Processo Civil pela Lei nº 10.352/01, que acrescentou o § 3º, ao seu art. 515,

---

36 APRIGLIANO, Ricardo de Carvalho. *A Apelação e seus efeitos*, São Paulo; Atlas, 2003, p. 21.

possibilitando que o Tribunal, no Recurso de Apelação, quando o processo for extinto sem resolução do mérito (art. 267, do CPC), possa julgar desde logo a lide (mérito da ação), se verificar que:

a) trata-se de causa que apresente questão exclusivamente de direito (desnecessidade da realização de provas), ou então,
b) que esteja em condições de imediato julgamento (causa madura).

Ao constatar a ocorrência de nulidade sanável no recurso o Tribunal poderá determinar a realização ou a renovação daquele determinado ato processual viciado e, após, se intimadas as partes e eventualmente cumprida a diligência, prosseguirá no julgamento do recurso (art. 515, § 4º, do CPC).

Em sede de recurso é, ainda, possível suscitar fatos novos não abordados no juízo *a quo*, desde que a parte comprove que não o fez por motivo de força maior (art. 517, do CPC). Vale lembrar que esta regra não se aplica às questões de ordem pública, pois estas são passíveis de reconhecimento de ofício pelo Tribunal, por força do efeito translativo do recurso.

Após a interposição do Recurso de Apelação o juiz prolator da sentença, em sede de juízo de admissibilidade, receberá o recurso, caso os requisitos estejam devidamente preenchidos e, após, declarará os efeitos em que receberá o Recurso de Apelação (art. 520, do CPC), intimando o Apelado para apresentar suas contrarrazões ao recurso, ou então, caso deseje interpor o Recurso Adesivo (art. 500, do CPC).

Em sede de juízo de admissibilidade, o juiz não receberá o Recurso de Apelação se verificar que a sentença prolatada está em conformidade com a súmula do Superior Tribunal de Justiça e do Supremo Tribunal Federal, conforme se extrai do § 1º, do art. 518, do Código de Processo Civil, acrescentado pela Lei nº 11.276/06.

Após apresentadas as contrarrazões do apelado, é facultado ao juiz o reexame dos pressupostos de admissibilidade do recurso, consoante o disposto no § 2º, do art. 518, do Código de Processo Civil, acrescentado pela Lei nº 11.276/06.

Da decisão que não admite o Recurso de Apelação pelo não preenchimento dos requisitos de admissibilidade é cabível o Recurso de Agravo de Instrumento, de acordo com o art. 522, do Código de Processo Civil.

O Recurso de Apelação será recebido, em regra, nos efeitos devolutivo e suspensivo. Entretanto, o art. 520, do CPC, elenca em seus incisos, algumas circunstâncias em que o Recurso de Apelação será recebido apenas no efeito devolutivo, e decorrem de sentença que:

   a) homologar a divisão ou demarcação;
   b) condenar em prestação de alimentos;
   c) decidir o processo cautelar;
   d) rejeitar liminarmente Embargos à Execução ou julgá-los improcedentes;
   e) julgar procedente o pedido de instituição de arbitragem e,
   f) confirmar a antecipação dos efeitos da tutela.

O Recurso de Apelação será também recebido apenas no efeito devolutivo quando: a) a sentença proferida em Ações de Despejo (art. 58, inc. V. da Lei nº 8.245/91); b) das sentenças que concedem a ordem em Mandado de Segurança (art. 12, parágrafo único, da Lei nº 1.533/51) etc..

Capítulo 22
AGRAVO

O Agravo é o recurso cabível das decisões interlocutórias que, por sua vez, de acordo com o art. 162, § 2º, do CPC, são decisões proferidas no curso do processo e, pelas quais, o juízo resolve as questões incidentes.

As decisões interlocutórias são proferidas a propósito de um incidente, sem produzirem o encerramento do processo, que continua e segue sua marcha[37].

O Agravo será ser interposto na forma retida e por instrumento e o prazo para a sua interposição será de 10 dias, de acordo com o que dispõe o art. 522, do CPC.

Com a alteração provocada no Código de Processo Civil pela Lei nº 11.187/05, em especial no seu art. 522, o Agravo na forma Retida passou a ser a regra, portanto, ao se deparar com uma decisão interlocutória que lhe tenha causado prejuízo, a parte, em regra, interporá Agravo Retido. Entretanto, este mesmo art. 522, do CPC, prevê hipóteses em que caberá o Agravo de Instrumento, cujas hipóteses decorrerão de decisões interlocutórias que:

a) causarem à parte lesões graves ou de difícil reparação;
b) inadmitirem o Recurso de Apelação, ou
c) manifestarem-se sobre os efeitos em que o Recurso de Apelação é recebido.

O Agravo Retido será interposto no próprio juízo *a quo* que, após intimar a parte contrária (agravado) para contraminutar, no prazo de

---

[37] PARÁ FILHO, Tomás. *A recorribilidade das interlocutórias no Novo Código de Processo Civil*", *apud* ARRUDA ALVIM PINTO, Teresa. *Agravo de Instrumento*, São Paulo: RT, 1ª Ed. 2ª tiragem, 1993, p. 55.

10 dias, poderá reconsiderar sua decisão. Não havendo reconsideração, o processo terá prosseguimento e o Agravo ficará retido nos autos até a prolação da sentença, oportunidade em que a parte verificará a necessidade de sua apreciação pelo Tribunal. Se o Agravante optar pela apreciação do Agravo, deverá requerer expressamente, nas razões ou contrarrazões recursais sua apreciação pelo Tribunal, sob pena de que não seja conhecido (art. 523, §§ 1º e 2º, do CPC).

O agravo interposto contra a decisão interlocutória proferida na audiência de instrução e julgamento será apresentado na forma retida, oral e imediatamente (art. 523, § 3º, do CPC).

O Agravo de Instrumento será interposto diretamente ao Tribunal, em cuja petição deverá constar:

a) a exposição do fato e do direito (art. 524, inc. I, do CPC);
b) as razões do pedido e da reforma da decisão (art. 524, inc. II, do CPC);
c) o nome e o endereço completo dos advogados constantes do processo (art. 524, inc. III, do CPC);
d) as peças obrigatórias e necessárias ao entendimento da controvérsia (art. 525, incs. I e II, do CPC);
e) o pagamento das custas recursais e do porte de remessa e retorno (art. 525, § 1º, do CPC).

Considerando-se que o Agravo de Instrumento é interposto diretamente no Tribunal, bem como que o processo continuará fisicamente junto à 1ª instância, é obrigatório que o Agravante junte cópias de algumas peças processuais, para que o Tribunal possa extrair perfeita compreensão da controvérsia estabelecida. Algumas destas peças são tidas como de obrigatória juntada, sendo que o CPC as elenca expressamente. São elas:

a) cópia da decisão agravada;
b) cópia da certidão de intimação da decisão agravada;
c) cópias das procurações outorgadas aos advogados do agravante do agravado (art. 525, inc. I, do CPC).

De outra parte, há também a necessidade de cópias de outras peças do processo que, ainda que não constem do rol expresso de peças obrigatórias, a critério da parte agravante, são necessárias para que o Tribunal entenda o objeto da discussão no Agravo de Instrumento e possa julgá-lo de forma escorreita. Vale dizer, ainda que não haja rol expresso destas peças, se o Tribunal não conseguir extrair perfeito entendimento da controvérsia, também não conhecerá do Agravo de Instrumento (art. 525, inc. II, do CPC).

Nos termos do art. 526, do CPC, o agravante, no prazo de 3 dias, deverá juntar ao processo cópias da petição do Agravo de Instrumento e do comprovante de sua interposição, bem como a relação dos documentos que instruíram o recurso, por dois motivos:

a) para que o juízo *a quo* tome ciência do Agravo de Instrumento e,
b) para que o juízo *a quo* possa eventualmente se retratar da decisão agravada.

No caso de descumprimento desta obrigação, o parágrafo único, do art. 526, do CPC, prevê que o Agravo de Instrumento será inadmitido. Vale ressaltar, entretanto, que referida inadmissibilidade só ocorrerá se o descumprimento for arguido e provado pelo Agravado. O relator do Agravo de Instrumento, após receber o recurso, poderá:

a) negar-lhe seguimento por decisão monocrática, desde que preenchidas as hipóteses do art. 557, do CPC;
b) converter o Agravo de Instrumento em Agravo Retido;
c) atribuir efeito suspensivo ao recurso;
d) antecipar a tutela recursal pretendida;
e) requisitar informações o juiz da causa;
f) intimar o Agravado para contraminutar o recurso;
g) eventualmente, se for o caso, ouvir o Ministério Público, tudo de acordo com os termos do art. 527, do CPC.

Vale ressaltar que as providências dos itens *e, f* e *g,* podem ser tomadas cumulativamente com as demais providências dos outros itens, todas as vezes que o relator verificar que o não julgamento imediato do recurso, não causará ao agravante lesão grave ou de difícil reparação, bem como quando não decorrer o Agravo de Instrumento de decisão que inadmitiu ou se manifestou sobre os efeitos do Recurso de Apelação (art. 527, inc. II, do CPC).

Considerando que o Agravo de Instrumento é recebido, em regra, apenas no efeito devolutivo (art. 497, do CPC), em alguns casos taxativamente previstos no art. 558, do CPC, é dado ao Relator do Agravo, conceder efeito suspensivo ao recurso, que culminará na suspensão do cumprimento da decisão agravada até final julgamento do Agravo. São casos de concessão de efeito suspensivo ao recurso de Agravo de instrumento:

a) prisão civil;
b) adjudicação;
c) remição de bens;
d) levantamento de dinheiro sem caução idônea e,
e) outros casos dos quais possa resultar lesão grave e de difícil reparação, sendo relevante a fundamentação.

Pelos expressos termos do inc. III, do art. 527, do CPC, poderá, ainda, o Relator do Agravo de Instrumento, conceder a antecipação dos efeitos da tutela pleiteada no recurso. Vale dizer, se o Relator conceder alguma medida anteriormente negada pelo juízo agravado, a esta medida dar-se-á o nome de efeito ativo do recurso.

Contra a decisão do Relator que converte o Agravo de Instrumento em Agravo Retido, concede efeito suspensivo ou antecipa a tutela recursal não caberá recurso, sendo certo que a reforma destas decisões só será possível no julgamento do Agravo de Instrumento, ou então, se o próprio relator a reconsiderar.

Mesmo considerando-se que o Tribunal é órgão colegiado, que visa a revisão das decisões proferidas por juízo monocrático, e que seus julgamentos são, em regra, proferidos por acórdãos, a norma processual, por intermédio do art. 557, do CPC, possibilitou aos relatores dos recursos, em casos específicos, julgar monocraticamente o recurso, seja para não conhecê-los, ou mesmo para dar ou negar provimento ao seu mérito.

O Relator poderá inadmitir o recurso ou negar-lhe provimento quando:

a) for manifestamente inadmissível;
b) for improcedente;
c) restar prejudicado (art. 529, do CPC);
d) estiver em confronto com a súmula ou com a jurisprudência do respectivo Tribunal, do Supremo Tribunal Federal ou de Tribunal Superior (art. 557, do CPC).

De outra parte, o Relator poderá dar provimento ao recurso quando a decisão recorrida estiver em manifesto confronto com a súmula ou jurisprudência dominante do Supremo Tribunal Federal ou de Tribunal Superior (art. 557, § 1º-A, do CPC).

Da decisão que julgar monocraticamente o Agravo de Instrumento é cabível o recurso de Agravo, no prazo de 5 dias. Referido Agravo é conhecido na prática forense como "Agravo Interno" (art. 557, § 1º, do CPC).

O Agravo Interno será interposto ao Desembargador prolator da decisão monocrática que, caso não se retrate da decisão, apresentará o processo em mesa, para julgamento do mesmo órgão que seria o competente para a análise do Agravo de Instrumento.

Na hipótese de provimento do Agravo Interno, o recurso principal terá seguimento para julgamento pelo órgão colegiado e não mais pela decisão monocrática (art. 557, § 1º, do CPC).

Caso a interposição de Agravo Interno seja manifestamente inadmissível ou infundada poderá o Tribunal impor multa ao Agravante entre 1% e 10% do valor corrigido da causa, bem como ficará a interposição de qualquer outro recurso condicionada ao depósito do respectivo valor em favor do Agravado.

O julgamento por decisão monocrática de que trata o art. 557, do CPC, alcança todo e qualquer recurso, inclusive, no julgamento da remessa necessária (Súmula 253, do STJ) que, apesar de não ser recurso segue o procedimento do Recurso de Apelação.

Capítulo 23
EMBARGOS INFRINGENTES

Trata-se de recurso expressamente tratado no art. 496, inc. III, do CPC, cujo objetivo é fazer prevalecer o voto vencido de acórdãos não-unânimes, bem como possibilitar a revisão de acórdão que julgarem procedentes Ações Rescisórias, fazendo preponderar o voto vencido, na medida da dissensão entre os julgadores[38].

O prazo para interposição e resposta dos Embargos Infringentes é de 15 dias, consoante o disposto no art. 508, do CPC.

Os Embargos Infringentes terão cabimento em dois casos muito específicos e seus requisitos são delineados pelo art. 530, do CPC. No primeiro caso é correto dizer que os Embargos Infringentes são cabíveis apenas:

a) quando acórdão não-unânime;
b) houver reformado em grau de Recurso de Apelação;
c) sentença de mérito.

Terão cabimento, ainda, em face de acórdão não-unânime que houver julgado procedente Ação Rescisória (arts. 485 e 530, ambos do CPC).

Quando decorrerem de acórdão não-unânime que julgou Recurso de Apelação, os Embargos Infringentes terão os mesmos efeitos do recurso que os originou. Entretanto, quando interpostos de Ação Rescisória terão sempre os efeitos devolutivo e suspensivo.

Havendo desacordo apenas em parte do recurso, a devolutividade das razões arguidas nos Embargos Infringentes ficará restrita à matéria objeto da divergência (art. 530, parte final, do CPC).

---

38 NEGRI, Marcelo. *Embargos Infringentes: apelação, ação rescisória e outras polêmicas*, Belo Horizonte: Del Rey, 2007, p. 96.

No caso de desacordo parcial nos Embargos Infringentes, deve-se aguardar o julgamento dos Embargos Infringentes para se interpor os Recursos Especial e Extraordinário, consoante o disposto no art. 498, do CPC.

Caso os Embargos Infringentes sejam inadmitidos caberá recurso de agravo, no prazo de 5 dias, para o órgão competente para o julgamento do recurso (art. 532, do CPC).

Apenas para elucidar, no Processo do Trabalho cabem apenas Embargos Infringentes quando for uma decisão não unânime do E. TST em sede de dissídio coletivo de sua competência originária, conforme lei 7701/88.

Capítulo 24
EMBARGOS DE DECLARAÇÃO

O art. 496, inc. IV, do CPC inclui os Embargos de Declaração como espécie de recurso, cujo objetivo é o de integrar ou aclarar determinado pronunciamento judicial[39].

O prazo para interposição dos Embargos de Declaração é de 5 dias (art. 536, do CPC). Vale lembrar que os Embargos de Declaração interrompem o prazo para interposição de outros recursos por qualquer das partes (art. 538, do CPC)

Os Embargos de Declaração são cabíveis quando houver na sentença ou acórdão:

a) omissão;
b) contadição, ou;
c) obcuridade (art. 535, do CPC).

Quanto à omissão, entende-se que só se pode alegar ter sido omitido ponto se a parte ou as partes mencionaram e o juiz procedeu como se não constasse do pedido[40].

Os Embargos de Declaração são comumente utilizados para este fim. Prequestionar, por sua vez, significa provocar os julgadores sobre algum ponto omisso (art. 535, inc. II, do CPC) acerca dos dispositivos constitucionais ou de ordem de lei federal que não tenham sido abordados no acórdão recorrido, ou então, provocá-los para que

---

39 ASSIS, Araken de, *Manual de Recursos*, RT, São Paulo, 2007, p. 578.
40 MIRANDA, Pontes de. *Comentários ao Código de Processo Civil* – Tomo VII – Arts. 496 a 538, Forense: Rio de Janeiro, 2002, 3ª edição, p. 323.

se manifestem sobre alguma matéria de ordem pública sobre a qual deveriam ter se manifestado mesmo que de ofício.

A omissão do art. 535, do CPC sobre o tema criou diversas divergências na doutrina[41] e jurisprudência que, após algum tempo se firmou no sentido de que seria sim cabível Embargos de Declaração das decisões interlocutórias.

Nesse sentido a Corte Especial do Superior Tribunal de Justiça já se manifestou:

"Os Embargos de Declaração são cabíveis contra qualquer decisão judicial e, uma vez interpostos, interrompem o prazo recursal. A interpretação meramente literal do art. 535 atrita com a sistemática que deriva do próprio ordenamento processual, notadamente após ter sido erigido em nível constitucional o princípio da motivação das decisões judiciais"[42].

Omissa é a decisão ou acórdão que deixou de se manifestar sobre alguma questão expressamente abordada, ou de caráter de ordem pública, que constitua ponto controverso da demanda. Contraditória é a decisão ou acórdão que aborda questões inconciliáveis entre si. Por fim, obscura é a decisão ou acórdão que da sua leitura não decorre entendimento possível.

Quando a parte opuser Embargos de Declaração manifestamente protelatórios, o Embargante será condenado à pena de multa não excedente a 1% sobre o valor da causa, tudo em favor do Embargado.

No caso de reiteração dos embargos protelatórios, a multa será elevada a até 10%, sendo que a interposição de qualquer outro recurso ficará condicionada ao depósito do valor respectivo (parágrafo único, do art. 538, do CPC).

Por fim, consigne-se que a Súmula 98, do Superior Tribunal de Justiça, é expressa ao consignar que os Embargos de Declaração apresentados com exclusivo propósito de prequestionamento, não podem ser considerados protelatórios.

---

41 ARRUDA ALVIM WAMBIER, Teresa. *Os Agravos no CPC Brasileiro*, São Paulo: RT, 3ª edição, 2000, p. 465.
42 STJ – Corte Especial, EREsp 159.317-DF, 07.10.1998, Relator Ministro Sálvio de Figueiredo Teixeira, DJU 26.04.1999, p. 36, *apud* ASSIS, Araken de. *Manual de Recursos*, São Paulo: RT, 2007, p. 585.

Capítulo 25
RECURSO ORDINÁRIO CONSTITUCIONAL

Trata-se de recurso previsto na Constituição Federal, cujo objetivo é o de que o Supremo Tribunal Federal ou o Superior Tribunal de Justiça reformem ou anulem acórdão ou sentença proferidas nos casos previstos nos arts. 102, II e 105, inc. II, da CF. Diz-se ordinário, pois sua devolutividade é ampla, podendo ser reexaminada as matérias de fato e direito impugnadas[43].

No Supremo Tribunal Federal, o Recurso Ordinário Constitucional terá cabimento quando atacar sentença ou acórdão que:

a) julgar o *habeas-corpus*, o mandado de segurança, o *habeas-data* e o mandado de injunção decididos em única instância pelos Tribunais Superiores, se denegatória a decisão;
b) julgar o crime político (art. 102, II, da CF).

No âmbito do Superior Tribunal de Justiça, o Recurso ordinário Constitucional decorre de sentença ou acórdão que julgar:

a) os *habeas-corpus* decididos em única ou última instância pelos Tribunais Regionais Federais ou pelos tribunais dos Estados, do Distrito Federal e Territórios, quando a decisão for denegatória;
b) os mandados de segurança decididos em única instância pelos Tribunais Regionais Federais ou pelos tribunais dos

---

[43] MIRANDA, Gilson Delgado; PIZZOL, Patrícia Miranda. *Processo Civil – Recursos*, São Paulo: Atlas, 3ª edição, 2002, p. 145.

Estados, do Distrito Federal e Territórios, quando denegatória a decisão;

c) as causas em que forem partes Estado estrangeiro ou organismo internacional, de um lado, e, do outro, Município ou pessoa residente ou domiciliada no País.

Capítulo 26
RECURSOS EXTRAORDINÁRIO E ESPECIAL

O Recurso Extraordinário configura recurso excepcional[44] expressamente consignado no art. 496, inc. VII, do CPC e no art. 102, III, da CF, cuja competência para processamento e julgamento é exclusiva do Supremo Tribunal Federal. Diz-se excepcional, pois a este Tribunal Supremo, por intermédio do Recurso Extraordinário, cabe o controle dos casos já decididos (causas decididas em única ou última instância), para fins de "guarda" da Constituição Federal[45].

Já o Recurso Especial trata de recurso expressamente consignado no art. 496, inc. VI, do CPC e no art. 105, III, da CF, cuja competência para processamento e julgamento é exclusiva do Superior Tribunal de Justiça. A este Tribunal Superior, por intermédio do Recurso Especial, cabe o controle dos casos já decididos (causas decididas em única ou última instância), para fins de preservação da autoridade da lei federal no País e uniformização do entendimento desta lei (Nery & Nery, CPC Coment., 10ª ed., RT, n. 15, p. 924).

Os Recursos Extraordinário e Especial interpostos contra decisão interlocutória (art. 162, § 2º, do CPC) em processo de conhecimento, cautelar ou embargos à execução. São assim conhecidos, pois ficarão retidos nos autos principais (o Tribunal local os remeterá à Comarca

---

44 MANCUSO, Rodolfo de Camargo. *Recurso Extraordinário e Recurso Especial*, São Paulo: RT, 9ª edição, 2006, pp. 120/123.
45 MARINONI, Luiz Guilherme; MITIDIERO, Daniel. *Repercussão Geral no Recurso Extraordinário*, São Paulo, RT, 2007, pp. 13/14.

de origem assim que interpostos) e somente serão processados se a parte o reiterar, no prazo para a interposição do recurso contra a decisão final, ou para as contrarrazões (art. 542, § 3º, do CPC).

O prazo para interposição dos Recursos Extraordinário e Especial é de 15 dias (art. 508, do CPC).

O Recurso Extraordinário é cabível para análise pelo Supremo Tribunal Federal de causas já decididas em única ou última instância, ao se verificar que o julgamento destas causas:

a) contrariou dispositivo da Constituição Federal;
b) declarou a inconstitucionalidade de tratado ou lei federal;
c) validou lei ou ato de governo local contestado em face da Constituição Federal;
d) validou lei local contestada em face de lei federal (art. 102, III, *a, b, c* e *d*, da CF).

O Recurso Especial é cabível para análise pelo Superior Tribunal de Justiça de causas já decididas em única ou última instância, pelos Tribunais Regionais Federais ou pelos Tribunais dos Estados, do Distrito Federal e Territórios, quando a decisão recorrida:

a) contrariar tratado ou lei federal, ou negar-lhes vigência;
b) julgar válido ato de governo local contestado em face de lei federal e,
c) der a lei federal interpretação divergente da que lhe haja atribuído outro Tribunal (art. 105, III, *a, b* e *c*, da CF).

Os Recursos Extraordinário e Especial serão dirigidos ao Presidente ou o Vice-Presidente do Tribunal local recorrido e, se interpostos simultaneamente, serão apresentados em petições distintas, cada uma contendo:

a) a exposição do fato e do direito;
b) a demonstração do cabimento do recurso interposto e,
c) as razões do pedido da reforma da decisão (art. 541, do CPC).

Tratando-se de Recurso Extraordinário, é obrigatória, ainda, a demonstração de que a questão constitucional ali versada apresenta a denominada Repercussão Geral (art. 102, § 3º, da CF, art. 543-A, do CPC e art. 322, do RISTF).

Na hipótese de inadmissão dos Recursos Extraordinário e Especial pelo Presidente ou Vice-Presidente do Tribunal local, caberá recurso de Agravo de Instrumento, no prazo de 10 dias e independentemente do pagamento de custas, que será endereçado ao juízo agravado, mas após seu processamento, remetido ao Supremo Tribunal Federal ou Superior Tribunal de Justiça (art. 544, do CPC).

Caso o relator do agravo verifique que o acórdão recorrido está em confronto com a súmula ou jurisprudência dominante do STF ou do STJ poderá o relator conhecer do Agravo de Instrumento, para dar provimento ao próprio Recurso Especial ou Extraordinário e, conforme o caso e poderá, ainda, se o instrumento contiver os elementos necessários ao julgamento do mérito, determinar sua conversão, observando-se, daí em diante, o procedimento relativo aos Recursos Especial ou Extraordinário (art. 544, § 3º, do CPC).

Tem-se como requisito imposto pela Constituição Federal, nos seus artigos 102, III e 105, III, o prequestionamento, nos termos do qual há que se ter tido prévio debate a respeito das razões trazidas nos recursos e que este debate tenha sido suficiente para a apreciação da tese por estes Tribunais Superiores.

26.1. SÚMULA VINCULANTE

Trata-se de súmula que, mediante aprovação de dois terços dos membros do Supremo Tribunal Federal e após reiteradas decisões sobre matéria constitucional, terá efeito vinculante em relação aos demais órgãos do Poder Judiciário e à administração pública direta e indireta, nas esferas federal, estadual e municipal (art. 103-A, da CF/88 e art. 2º, da Lei nº 11.417/2006).

Vale ressaltar que a Constituição Federal conferiu o poder de criar súmulas vinculantes apenas ao Supremo Tribunal Federal, mas nada impede que os Tribunais, inclusive o próprio Supremo Tribunal Federal, continue a editar súmulas com efeitos não-vinculantes[46].

A súmula tem por objetivo a validade, a interpretação e a eficácia de normas determinadas, acerca das quais haja controvérsia atual entre órgãos judiciários ou entre esses e a administração pública que acarrete grave insegurança jurídica e relevante multiplicação de processos sobre questão idêntica (art. 103-A, § 1º, da CF/88 e § 1º, do art. 2º, da Lei nº 11.417/2006).

Do ato administrativo ou decisão judicial que contrariar a súmula aplicável ou que indevidamente a aplicar, caberá reclamação ao Supremo Tribunal Federal que, julgando-a procedente, anulará o ato administrativo ou cassará a decisão judicial reclamada, e determinará que outra seja proferida com ou sem a aplicação da súmula (art. 103-A, § 3º, da CF/88).

26.2. REPERCUSSÃO GERAL

Repercussão Geral é requisito necessário ao conhecimento do Recurso Extraordinário, sendo que nele a parte deve demonstrar a existência, ou não, de questões relevantes do ponto de vista econômico, social ou jurídico, que ultrapassem os interesses subjetivos da causa (art. 543-A, § 1º, do CPC e, do art. 322, do RISTF), ou seja, que *"diga respeito a um grande espectro de pessoas ou a um largo segmento social, uma decisão sobre assunto constitucional impactante, sobre tema constitucional muito controvertido, em relação a decisão que contrarie decisão do STF"* (Arruda Alvim, A EC nº 45 e o instituto da repercussão geral, in Wambier, Reforma do Judiciário, p. 63, *apud* Nery & Nery, CPC Coment., 10ª ed., RT, n. 4, p. 939).

O Código de Processo Civil, em seu art. 543-A, § 3º, traz, ainda, que haverá repercussão geral sempre que o Recurso Extraordinário impugnar decisão contrária a súmula ou jurisprudência dominante

---

46 CARRILHO LOPES, Bruno Vasconcelos. et al. *Súmula Vinculante – Lei nº 11.417/06. As novas reformas do CPC e de outras normas processuais*, São Paulo: Saraiva, 2008, p. 267/268.

do Tribunal. Neste caso já há uma presunção relativa da Repercussão Geral, consoante o disposto no § 1º, do art. 323, do RISTF.

Para que a Turma decida sobre a existência da Repercussão Geral sem que, contudo, tenha que enviar esta discussão ao Pleno do STF, são necessários, no mínimo, 4 votos de um total de 5 Ministros componentes da Turma (art. 543-A, § 4, do CPC).

Em se verificando o caso de remessa do recurso ao Pleno do STF (hipótese em que não foi obtido o quorum pela Turma), passa-se à necessidade de um total de 2/3 de votos favoráveis à Repercussão Geral para sua configuração (art. 102, § 3º, da CF). Considerando que o Pleno do STF é composto por 11 ministros, seriam necessários 8 votos favoráveis à configuração da Repercussão Geral.

Negada a existência da Repercussão Geral o Recurso Extraordinário não será conhecido e esta decisão valerá para todos os recursos sobre matéria idêntica, que serão indeferidos liminarmente, salvo revisão da tese (art. 543-A, § 5º, do CPC).

O Relator poderá admitir a manifestação de terceiros no recurso, desde que subscrita por procurador habilitado (art. 543-A, § 5º, do CPC e art. 323, § 2º, do RISTF).

Caberá ao Tribunal de origem selecionar um ou mais recursos representativos da controvérsia e encaminhá-los ao Supremo Tribunal Federal, sobrestando os demais até o pronunciamento definitivo da Corte (art. 543-B, § 1º, do CPC).

Na hipótese de que seja negada a existência de repercussão geral, os recursos sobrestados considerar-se-ão automaticamente não admitidos. (art. 543-B, § 2º, do CPC) e, caso seja julgado o mérito do Recurso Extraordinário, os recursos sobrestados serão apreciados pelos Tribunais, Turmas de Uniformização ou Turmas Recursais, que poderão declará-los prejudicados ou retratar-se (art. 543-B, § 3º, do CPC).

Por fim, se mantida a decisão e admitido o recurso, poderá o Supremo Tribunal Federal, cassar ou reformar, liminarmente, o acórdão contrário à orientação firmada (art. 543-B, § 4º, do CPC).

26.3. RECURSOS REPETITIVOS

Caberá ao Presidente do Tribunal de origem admitir um ou mais Recursos Especiais representativos da controvérsia, os quais serão encaminhados ao Superior Tribunal de Justiça, ficando suspensos os demais recursos especiais até o pronunciamento definitivo do Superior Tribunal de Justiça (art. 543-C, § 1º, do CPC e art. 1º, da Resolução nº 8/2008, do STJ).

De outra parte, pode o Relator no Superior Tribunal de Justiça, ao identificar que sobre a controvérsia já existe jurisprudência dominante ou que a matéria já está afeta ao colegiado, determinar a suspensão, nos tribunais de segunda instância, dos recursos nos quais a controvérsia esteja estabelecida (art. 543-C, § 2º, do CPC).

Transcorrido o prazo para o Ministério Público (15 dias) e remetida cópia do relatório aos demais Ministros, o processo será incluído em pauta na seção ou na Corte Especial, devendo ser julgado com preferência sobre os demais feitos, ressalvados os que envolvam réu preso e os pedidos de *habeas-corpus* (art. 543-C, § 6º, do CPC).

Publicado o acórdão do Superior Tribunal de Justiça no Recurso Repetitivo:

a) os Recursos Especiais terão seguimento denegado na hipótese de o acórdão recorrido coincidir com a orientação do Superior Tribunal de Justiça, ou

b) os Recursos Especiais serão novamente examinados pelo Tribunal de origem na hipótese de o acórdão recorrido divergir da orientação do Superior Tribunal de Justiça (art. 543-C, § 7º, I e II, do CPC).

No caso do item "b", se for mantida a decisão divergente pelo Tribunal de origem, será realizado o exame de admissibilidade do Recurso Especial (art. 543-C, § 8º, do CPC).

O relator admitirá a manifestação de terceiros nos recursos repetitivos, desde que levada em consideração a relevância da matéria, sendo certo que tal manifestação será apresentada na forma escrita por pessoas, órgãos ou entidades com interesse na controvérsia, no prazo de 15 dias. (art. 543-C, § 4º e art. 3º, inc. I, da Resolução nº 8/2008, do STJ).

26.4. EFEITOS DOS RECURSOS EXTRAORDINÁRIO E ESPECIAL

Os Recursos Extraordinário e Especial serão recebidos no efeito meramente devolutivo (art. 542, § 2º, CPC), razão pela qual não obstam eventual execução provisória do julgado (art. 475-O, do CPC).

Vale dizer, entretanto, que se o STF ou o STJ verificarem que a execução, ainda que provisória, possa causar à parte grave dano ou de difícil reparação, poderão conceder aos Recursos Extraordinário e Especial, o efeito suspensivo, o que normalmente se faz via liminar em cautelar ajuizada pelo Recorrente.

É possível alegar em sede de Recursos Extraordinário e Especial o dissídio jurisprudencial, desde que o Recorrente faça prova da divergência mediante certidão, cópia autenticada ou pela citação do repositório de jurisprudência, oficial ou credenciado, inclusive em mídia eletrônica, em que tiver sido publicada a decisão divergente, ou ainda pela reprodução de julgado disponível na Internet, com indicação da respectiva fonte, mencionando, em qualquer caso, as circunstâncias que identifiquem ou assemelhem os casos confrontados (parágrafo único, do art. 541, do CPC).

Capítulo 27
EXECUÇÃO

A execução forçada consiste na prerrogativa do exequente de, por intermédio do Poder Judiciário, compelir o executado ao cumprimento de determinada obrigação inadimplida. Têm-se como atos executivos aqueles praticados pelo juiz, no processo executivo, tendentes a forçar o Executado ao cumprimento da obrigação (art. 577, do CPC).

Título executivo é o título que contém a certeza, liquidez e exigibilidade da obrigação que se encontra em seu bojo, permitindo que o credor utilize-se do Poder Judiciário, via processo de execução para, no caso de anterior inadimplemento do devedor, ver seu direito satisfeito.

Nos termos dos arts. 566 e 567, do CPC, possuem legitimidade para promover ou prosseguir na execução forçada:

a) o credor a quem a lei confere título executivo;
b) o Ministério Público, nos casos prescritos em lei;
c) o espólio, os herdeiros ou os sucessores do credor, sempre que, por morte deste, lhes for transmitido o direito resultante do título executivo;
d) o cessionário, quando o direito resultante do título executivo lhes foi transferido por ato entre vivos e;
e) o sub-rogado, nos casos de sub-rogação legal ou convencional.

Note que a legitimação dos itens "c", "d" e "e", só ocorre excepcionalmente.

Da mesma forma, estão legitimados a compor o polo passivo do processo de execução (art. 568, do CPC):

a) o devedor, reconhecido como tal no título executivo;

b) o espólio, os herdeiros ou os sucessores do devedor;
c) o novo devedor, que assumiu, com o consentimento do credor, a obrigação resultante do título executivo;
d) o fiador judicial;
e) o responsável tributário, assim definido na legislação própria.

Ao credor é dado desistir de toda a execução ou de apenas algumas medidas executivas. Entretanto, no caso de desistência parcial (art. 569, parágrafo único, do CPC):

a) serão extintos os embargos que versarem apenas sobre questões processuais, pagando o credor as custas e os honorários advocatícios;
b) nos casos em que os embargos versem sobre questões de mérito da dívida, a extinção dependerá da concordância do embargante.

Nos casos em que se verificar a existência de obrigação alternativa, ou seja, quando o devedor possa cumprir a obrigação de mais de um modo (arts. 252/256, do CC), cabendo a escolha ao devedor, será ele citado para exercer a opção de qual obrigação prefere e realizar a prestação dentro de 10 dias, podendo ser lhe dado outro prazo, caso haja expressa determinação em lei, no contrato, ou na sentença.

Caso a escolha não seja realizada no prazo estipulado, será dada ao credor a opção de escolher. Entretanto, se a escolha, desde o início couber ao credor, este deve indicá-la na petição inicial da execução (art. 571, do CPC).

Consoante o disposto no art. 574, CPC, o credor de eventual declaração de inexistência da obrigação, por sentença transitada em julgado, cuja execução tenha sido promovida para seu cumprimento o credor fica obrigado a ressarcir o devedor dos danos que este sofreu. O mesmo ocorre quando a sentença tenha declarado a inexistência parcial da obrigação.

Nas execuções de título extrajudicial o juiz competente será o do lugar do pagamento do título (art. 100, IV, *d*, do CPC). Para que se promova a execução há que se verificar o inadimplemento da obrigação líquida, certa e exigível, decorrente de um título executivo (art. 580, do

CPC). A falta deste requisito acarreta na invariável falta de interesse processual da parte Exequente.

O cumprimento efetivo da obrigação pelo devedor obsta, da mesma forma, a prosseguimento da execução, a não ser que a prestação tenha sido realizada de forma diversa da estipulada no título, caso em que será legítima a execução, sem prejuízo da oposição de embargos pelo devedor (art. 581, do CPC).

A exceção do contrato não cumprido em sede processual, é o meio que se dá ao juiz de obstar a execução, se o devedor quiser cumprir sua parte na obrigação, mas dependa de ato do credor que se recusa a cumprir a parte que lhe incumbe na relação jurídica obrigacional. Neste caso o devedor poderá cumprir a obrigação, mesmo sem a contrapartida do credor. Entretanto, o juiz suspenderá a execução, evitando que o credor receba, enquanto não cumprir sua parte na obrigação (art. 582, do CPC).

27.1. TÍTULOS EXECUTIVOS EXTRAJUDICIAIS

São títulos executivos extrajudiciais (art. 585, do CPC):

a) a letra de câmbio, a nota promissória, a duplicata, a debênture e o cheque;
b) a escritura pública ou outro documento público assinado pelo devedor; o documento particular assinado pelo devedor e por duas testemunhas; o instrumento de transação referendado pelo Ministério Público, pela Defensoria Pública ou pelos advogados dos transatores;
c) os contratos garantidos por hipoteca, penhor, anticrese e caução, bem como os de seguro de vida;
d) o crédito decorrente de foro e laudêmio;
e) o crédito, documentalmente comprovado, decorrente de aluguel de imóvel, bem como de encargos acessórios, tais como taxas e despesas de condomínio;
f) o crédito de serventuário de justiça, de perito, de intérprete, ou de tradutor, quando as custas, emolumentos ou honorários forem aprovados por decisão judicial;

g) a certidão de dívida ativa da Fazenda Pública da União, dos Estados, do Distrito Federal, dos Territórios e dos Municípios, correspondente aos créditos inscritos na forma da lei;
h) todos os demais títulos a que, por disposição expressa, a lei atribuir força executiva (ex.: art. 24, da Lei nº 8.906/94 – Contrato de Honorários).

O ajuizamento de eventual ação que discuta a obrigação constante do título, não obsta, nem tampouco suspende a ação de execução decorrente deste mesmo título (art. 585, § 1º, do CPC).

Quando falamos em responsabilidade patrimonial significa dizer que o devedor responde, por suas obrigações, com todos os seus bens presentes e futuros (art. 591, do CPC), salvo os casos de bens absolutamente impenhoráveis (art. 649, do CPC). Os bens sujeitos à execução são (art. 592, do CPC):

a) os do sucessor a título singular, tratando-se de execução fundada em direito real ou obrigação reipersecutória;
b) os do sócio, nos termos da lei;
c) os do devedor, quando em poder de terceiros;
d) os do cônjuge, nos casos em que os seus bens próprios, reservados ou de sua meação respondem pela dívida;
e) os alienados ou gravados com ônus real em fraude de execução.

Ocorre a fraude à execução quando o devedor, tentando salvaguardar seu patrimônio, foge à sua responsabilidade patrimonial, alienando seus bens ou direitos, a título gratuito ou oneroso. Trata-se de "direito público, inserido no direito processual civil, que tem por finalidade coibir e tornar ineficaz a prática de ato fraudulento de disposição ou oneração de bens, de ordem patrimonial, levados a efeito por parte de quem já figura no polo passivo de uma relação jurídica processual, como legitimado ordinário, visando com isso impedir a satisfação da pretensão deduzida em juízo por parte do autor da demanda, configurando verdadeiro atentado à dignidade da justiça, cuja atividade jurisdicional já se encontrava em pleno desenvolvimento[47].

---

47 SALAMACHA, José Eli. *Fraude à Execução – Direitos do credor e do adquirente de boa-fé*, São Paulo: RT, 2005, p. 141.

Evidencia-se a fraude à execução quando o devedor aliena ou onera bens (art. 593, do CPC):

a) sobre os quais haja ação fundada em direito real;
b) quando ao tempo da alienação ou oneração, corria contra o devedor demanda capaz de reduzi-lo à insolvência e,
c) nos demais casos expresso em lei (ex.: art. 185, do CTN – Dívida com a Fazenda Pública).

O art. 615-A, § 3º, do CPC, dispõe que se presume em fraude à execução os bens alienados ou onerados, após a averbação da dívida no registro de imóveis, de veículos ou de outros bens sujeitos à penhora ou arresto.

27.2. FRAUDE CONTRA CREDORES E FRAUDE À EXECUÇÃO

Ambos os institutos visam proteger o direito do credor, contra atos do devedor tendentes a dilapidar seu patrimônio, esquivando-se de sua responsabilidade patrimonial. Entretanto, diferenciam-se porquanto a fraude, contra credores é matéria de direito material, expressamente prevista no Código Civil, nos arts. 158/165, que implica viciar o negócio jurídico, antes mesmo da propositura de qualquer ação judicial. A eventual discussão do ato fraudulento se dá via Ação Pauliana.

Por outro lado, a fraude à execução é matéria processual e, portanto, de ordem pública, expressamente prevista no art. 593, do CPC. A fraude à execução enseja a ineficácia do negócio fraudulento, sem que seja necessário o ajuizamento de ação autônoma. Para sua configuração há que se ter a instauração da relação processual, mediante o prévio ajuizamento de um processo.

É considerado ato atentatório à dignidade da justiça o ato do Executado que (art. 600, do CPC):

a) frauda a execução;
b) se opõe maliciosamente à execução, empregando ardis e meios artificiosos;

c) resiste injustificadamente às ordens judiciais;
d) intimado, não indica ao juiz, em 5 dias, quais são e onde se encontram os bens sujeitos à penhora e seus respectivos valores.

O juiz, quando verificar a prática de ato atentatório à dignidade da justiça fixará multa ao devedor, em montante não superior a 20% do valor atualizado do débito em execução, sem prejuízo de outras sanções de natureza processual ou material. Vale consignar que referida multa, por expressa disposição do art. 601, do CPC, será revertida em proveito do credor e exigível na própria execução.

Por fim, consoante o disposto no parágrafo único deste mesmo dispositivo, o juiz relevará a pena, se o devedor se comprometer a não mais praticar atos atentatórios à dignidade da justiça, bem como der fiador idôneo, que responda ao credor pela dívida principal, juros, despesas e honorários advocatícios.

Capítulo 28
EXECUÇÃO DE TÍTULO EXTRAJUDICIAL

Na petição inicial da execução de título extrajudicial, o credor deverá requerer a citação do devedor e instruí-la com:

a) com o título executivo extrajudicial;
b) com o demonstrativo do débito atualizado até a data da propositura da ação, quando se tratar de execução por quantia certa;
c) com a prova de que se verificou a condição, ou ocorreu o termo, bem como:
d) indicar a espécie de execução que prefere, quando por mais de um modo pode ser efetuada;
e) requerer a intimação do credor pignoratício, hipotecário, anticrético, ou usufrutuário, quando a penhora recair sobre bens gravados por penhor, hipoteca, anticrese ou usufruto;
f) pleitear medidas acautelatórias urgentes;
g) provar que adimpliu a contraprestação, que lhe corresponde, ou que lhe assegura o cumprimento, se o executado não for obrigado a satisfazer a sua prestação senão mediante a contraprestação do credor (arts. 614 e 615, do CPC).

Se o juiz verificar que a petição inicial não contém algum destes requisitos, determinará que o credor a corrija, no prazo de 10 dias, sob pena de seu indeferimento (art. 616, do CPC).

O exequente poderá, no ato da distribuição, obter certidão comprobatória do ajuizamento da execução, com identificação das partes e valor da causa, para fins de averbação no registro de imóveis, registro de veículos ou registro de outros bens sujeitos à penhora ou arresto (art. 615-A, do CPC). Entretanto, deverá o exequente comunicar o juiz as averbações efetivadas, no prazo de 10 dias de sua concretização e, após atingir bens suficientes para cobrir o valor da dívida, será determinado o cancelamento das averbações de bens que ainda não tenham sido penhorados.

O exequente que promover a averbação indevida de bens do executado deverá indenizar o executado, por litigância de má-fé, em quantia não superior a 20% sobre o valor da causa, ou liquidada por arbitramento (§ 4º, do art. 615-A, do CPC).

A propositura da execução interrompe a prescrição e seus efeitos (art. 617, do CPC).

Será considerada nula a execução quando (art. 618, do CPC):

a) se o título executivo extrajudicial não corresponder a obrigação certa, líquida e exigível;
b) se o devedor não for regularmente citado e,
c) se instaurada antes de se verificar a condição ou de ocorrido o termo.

28.1. EXECUÇÃO POR QUANTIA CERTA CONTRA DEVEDOR SOLVENTE

A execução por quantia certa tem por objeto, expropriar bens do devedor, para satisfazer o crédito do credor (art. 646, do CPC).

Para evitar a adjudicação ou a alienação do bem penhorado, o devedor poderá remir (direito de pagar = pagamento) a execução, pagando ou consignando a importância atualizada da dívida, mais juros, custas e honorários advocatícios (art. 651, do CPC). O executado será citado para pagar a dívida em 3 dias (art. 652, do CPC).

Ao despachar a inicial o juiz imediatamente fixará os honorários de advogado, a serem pagos pelo executado. No caso de integral pagamento do débito, no prazo de 3 dias, os honorários serão reduzidos pela metade (art. 652-A, do CPC).

Em não sendo paga a dívida no prazo de 3 dias, o oficial de justiça procederá de imediato à penhora de bens e sua avaliação, lavrando-se o auto e intimando o executado da penhora, tudo numa mesma oportunidade (art. 652, § 1º, do CPC).

Caso não encontre o devedor para cumprir a obrigação ou indicar bens à penhora, o oficial de justiça realizará o arresto de bens do devedor, em tantos quantos bastem para garantir a execução.

Vale ressaltar que, após a efetivação do arresto, o oficial, nos 10 dias seguintes, deverá procurar o devedor por 3 dias distintos e, se não o encontrá-la, deverá certificar no processo todo o ocorrido (art. 653, do CPC).

O credor, por sua vez, dentro de 10 dias, contados de sua intimação do arresto de bens, poderá requerer a citação por edital do devedor que, após efetivamente realizada, provocará a conversão do arresto daqueles bens em penhora (art. 654, do CPC).

28.2. PENHORA

A penhora é o ato de constrição de bem necessário a concretizar a responsabilidade patrimonial[48] do executado. Será realizada em tantos bens quantos bastem, para o pagamento do débito principal atualizado, mais juros, custas e honorários advocatícios (art. 659, do CPC).

A penhora é ato executivo, que visa resguardar bens que, posteriormente, irá satisfazer o crédito do credor.

São considerados bens absolutamente impenhoráveis (art. 649, do CPC):

a) os bens inalienáveis e os declarados, por ato voluntário, não sujeitos à execução;
b) os móveis, pertences e utilidades domésticas que guarneçam a residência do executado, salvo os de elevado valor ou que ultrapassem as necessidades comuns correspondentes a um médio padrão de vida;
c) os vestuários, bem como os pertences de uso pessoal do executado, salvo se de elevado valor;
d) os vencimentos, subsídios, soldos, salários, remunerações, proventos de aposentadoria, pensões, pecúlios e montepios; as quantias

---
48 THEODORO JUNIOR, Humberto, *in Da Execução Forçada no CPC, Comentários ao CPC*, apud FREIRE E SILVA, Bruno et al.. *O novo sistema de substituição da penhora no Código de Processo Civil reformado. Execução Civil e Cumprimento de Sentença* – Vol. 2, São Paulo: Método, 2007, p. 34.

recebidas por liberalidade de terceiro e destinadas ao sustento do devedor e sua família, os ganhos de trabalhador autônomo e os honorários de profissional liberal. (Obs.: Estas limitações não se aplicam no caso de penhora para pagamento de prestação alimentícia - § 2º, do art. 649, do CPC);

e) os livros, as máquinas, as ferramentas, os utensílios, os instrumentos ou outros bens móveis necessários ou úteis ao exercício de qualquer profissão;
f) o seguro de vida;
g) os materiais necessários para obras em andamento, salvo se essas forem penhoradas;
h) a pequena propriedade rural, assim definida em lei, desde que trabalhada pela família;
i) os recursos públicos recebidos por instituições privadas para aplicação compulsória em educação, saúde ou assistência social;
j) até o limite de 40 salários mínimos, a quantia depositada em caderneta de poupança;
l) os recursos públicos do fundo partidário recebidos, nos termos da lei, por partido político.

Serão considerados relativamente penhoráveis os bens que, na falta de quaisquer outros penhoráveis, poderão sê-lo, trata-se dos frutos e rendimentos dos bens inalienáveis (arts. 1.711/1.722, do CC), salvo os destinados à satisfação de prestação alimentícia (art. 650, do CPC).

A penhora observará a seguinte ordem (art. 655, do CPC):

a) dinheiro, em espécie ou em depósito ou aplicação em instituição financeira;
b) veículos de via terrestre;
c) bens móveis em geral;
d) bens imóveis (Obs.: Neste caso, o cônjuge também deverá ser intimado da penhora § 2º, do art. 655, do CPC);
e) navios e aeronaves;
f) ações e quotas de sociedades empresárias;
g) percentual do faturamento de empresa devedora;
h) pedras e metais preciosos;

i) títulos da dívida pública da União, Estados e Distrito Federal com cotação em mercado;
j) títulos e valores mobiliários com cotação em mercado e,
l) outros direitos.

Na execução de crédito com garantia hipotecária, pignoratícia ou anticrética, a penhora recairá, preferencialmente, sobre a coisa dada em garantia. Se a coisa pertencer a terceiro garantidor, ele deverá ser intimado da penhora (§ 1º, do art. 655, do CPC).

É possível a realização de penhora de dinheiro em depósito ou aplicações financeiras do executado e essa permissão é na prática conhecida como penhora *on line*, expressamente descrita no art. 655-A, do CPC. Consiste na requisição de informações que o juiz faz à autoridade supervisora do sistema bancário, preferencialmente por meio eletrônico, sobre a existência de eventuais ativos financeiros em nome do executado, podendo no mesmo ato determinar sua indisponibilidade, até o valor indicado na execução.

O credor poderá indicar bens na própria inicial da execução (art. 652, § 2º, do CPC). Em sendo frustrada a indicação, o juiz poderá determinar que o executado o faça (§ 3º, do art. 652, do CPC).

A intimação poderá ser realizada na pessoa do advogado, caso não tenha advogado constituído, será realizada pessoalmente. Em todo caso, se o executado não for localizado, o oficial de justiça certificará as várias diligências realizadas nesse sentido, podendo o juiz dispensar a intimação ou determinar novas diligências (art. 652, §§ 4º e 5º, do CPC).

Nos termos da lei (art. 655-B, do CPC), na eventual penhora de bem indivisível, a meação do cônjuge alheio à execução, recairá sobre o produto da alienação do bem. Vale esclarecer que referida norma foi incluída no Código de Processo Civil, por intermédio da Lei nº 11.382/06, visa nitidamente evitar a oposição de embargos de terceiro pelo cônjuge e, com isso agilizar sobremaneira o andamento da execução.

É possível a substituição de bem penhorado. Entretanto, a substituição ficará adstrita a casos específicos, expressamente descritos na lei (art. 656, do CPC):

a) caso a penhora não tenha obedecido a ordem legal, descrita no art. 655, do CPC);
b) no caso de não incidir sobre os bens designados em lei, contrato ou ato judicial para o pagamento;
c) no caso de, havendo bens no foro da execução, outros houverem sido penhorados;
d) na hipótese de, havendo bens livres, a penhora houver recaído sobre bens já penhorados ou objeto de gravame;
e) se a penhora tiver incidido sobre bens de baixa liquidez;
f) se fracassar a tentativa de alienação judicial do bem ou,
g) se o devedor não indicar o valor dos bens ou omitir a descrição exata dos bens no momento da indicação.

Poderá também o executado requerê-la, no prazo de 10 dias da intimação da penhora, desde que comprove cabalmente que a substituição não trará prejuízo algum ao exequente e será menos onerosa para ele (art. 668, do CPC).

Não é possível a penhora de bem de baixo valor, pois não se deverá penhorar bens quando o produto da execução destes bens, seja totalmente absorvido pelo pagamento das custas da execução (art. 659, § 2º, do CPC).

A penhora de bens imóveis se realizará mediante auto ou termo de penhora, cabendo ao exequente, providenciar, a respectiva averbação no ofício imobiliário, mediante a apresentação de certidão de inteiro teor do ato, independentemente de mandado judicial.

Apresentada certidão da respectiva matrícula, a penhora de imóveis, independentemente de onde se localizem, será realizada por termo nos autos, do qual será intimado o executado, pessoalmente ou na pessoa de seu advogado, e por este ato constituído depositário (art. 659, §§ 4º e 5º, do CPC).

Em regra não é possível a realização de segunda penhora, a não ser que (art. 687, do CPC):

a) primeira tenha sido anulada;
b) executados os bens, o produto da alienação não baste para o pagamento do credor ou,
c) o credor desistir da primeira penhora, por serem litigiosos os bens, ou por estarem penhorados, arrestados ou onerados.

É possível a alienação antecipada dos bens penhorados, desde que (art. 670, do CPC):

a) sujeitos a deterioração ou depreciação;
b) houver manifesta vantagem.

Em todo caso, quando umas das partes requerer a alienação antecipada, o juiz deverá ouvir sempre a outra antes de decidir.

28.3. AVALIAÇÃO

A avaliação consiste na verificação do valor do bem penhorado, a fim de que posteriormente sirva de base à regular expropriação deste referido bem. Atribuindo-se valor justo ao bem, será possível sua posterior remição, adjudicação, ou mesmo a arrematação.

A avaliação será realizada, em regra, pelo oficial de justiça, sendo desnecessária, se aceito o valor estimado pelo executado ou se tratar-se de títulos ou mercadorias que tenham cotação em bolsa, comprovada por certidão ou publicação oficial (art. 684, do CPC). De outra parte, caso verifique que a avaliação depende de conhecimentos técnicos específicos, o juiz nomeará avaliador, para que entregue seu laudo de avaliação no prazo de 10 dias (art. 680, do CPC).

Caso (art. 683, do CPC):

a) qualquer das partes arguir, fundamentadamente, a ocorrência de erro na avaliação ou dolo do avaliador;
b) se verificar, posteriormente à avaliação, que houve majoração ou diminuição no valor do bem ou,

c) houver fundada dúvida sobre o valor atribuído ao bem; é possível a realização de uma nova avaliação.

É, ainda, possível a redução ou ampliação da penhora, após a avaliação, podendo o juiz determinar a redução da penhora aos bens suficientes, ou transferi-la para outros, que bastem à execução, se o valor dos penhorados for consideravelmente superior ao crédito do exequente e acessórios. Poderá também determinar a ampliação da penhora, ou transferi-la para outros bens mais valiosos, se o valor dos penhorados for inferior ao referido crédito (art. 685, do CPC).

28.4. EXPROPRIAÇÃO DE BENS

São formas de expropriação de bens (art. 647, do CPC):

a) a adjudicação;
b) a alienação por iniciativa particular;
c) a alienação em hasta pública e,
d) o usufruto de bem móvel ou imóvel.

As formas de expropriação, ainda que a nosso ver para melhor, sofreram imensa alteração com a Lei nº 11.382/06. Ao que tudo indica, em que pese não esteja expressamente previsto no CPC, o legislador quis estabelecer certa ordem de preferência nas formas de expropriação, dando nítida ênfase à adjudicação, como a forma aparentemente mais eficaz de satisfazer o crédito do credor, seguida das demais[49].

28.5. ADJUDICAÇÃO

Trata-se de forma de expropriação de bem, consistente na satisfação indireta do crédito do exequente, pois está consubstanciada na transferência da propriedade do bem penhorado. É possível seja realizada pelo exequente, desde que por valor não inferior ao da avaliação do bem. Vale dizer que a adjudicação pode ser requerida pelo credor com

---

49 SEQUEIRA DE CERQUEIRA, Luis Otávio. et al.. *Nova Execução de Título Extrajudicial – Lei nº 11.382/06 – Comentada artigo por artigo*, São Paulo: Método, 2007, p. 66.

garantia real, pelos credores concorrentes que hajam penhorado o mesmo bem, ou pelo cônjuge, descendentes ou ascendentes do executado.

Entretanto, havendo mais de um pretendente, proceder-se-á entre eles uma licitação e, em igualdade de ofertas, terá preferência o cônjuge, descendente ou ascendente, nessa ordem (art. 685-A, do CPC).

28.6. ALIENAÇÃO POR INICIATIVA PARTICULAR

A alienação por iniciativa particular consiste na tentativa de alienação do bem penhorado, pelo próprio exequente, ou então, por corretor credenciado do juízo, a fim de se evitar toda a prejudicialidade comumente existente na alienação em hasta pública, como a necessidade de publicação de editais. O juiz fixará o prazo que a alienação deve ser efetivada, a forma de publicidade, o preço mínimo (avaliação), as condições de pagamento e as garantias, bem como a comissão de corretagem, se for o caso (art. 685-C, do CPC).

28.7. ALIENAÇÃO EM HASTA PÚBLICA

Não sendo requerida a adjudicação, nem mesmo a alienação particular do bem, será providenciada sua alienação judicial (alienação em hasta pública – arts. 686/707, do CPC). Desta forma, o juiz designará duas praças/ leilões públicos, com diferença de 10 a 20 dias entre um e outro, publicando editais em jornais de grande circulação e no próprio fórum, sendo que os editais de praça serão preferencialmente publicados na seção ou local reservado à publicidade de negócios imobiliários. A praça/ leilão serão realizadas no edifício do próprio fórum.

Por fim, o procedimento de hasta pública, poderá ser substituído por alienação realizada por meio de rede mundial de computadores (art. 689-A, do CPC).

28.8. USUFRUTO DE BEM MÓVEL OU IMÓVEL

Trata-se de forma de expropriação de bens onde o exequente vai satisfazer seu crédito valendo-se de eventuais frutos e rendimentos dos bens do devedor (arts. 716/724, do CPC).

Neste caso, o executado perderá o gozo do móvel ou imóvel, até que o exequente satisfaça seu crédito (art. 717, do CPC).

28.9. PAGAMENTO AO CREDOR

O pagamento ao credor será feito mediante (art. 708, do CPC):

a) entrega de dinheiro;
b) pela adjudicação dos bens penhorados e,
c) pelo usufruto.

Concorrendo vários credores, o dinheiro será distribuído e entregue consoante a ordem das respectivas prelações; não havendo título legal à preferência, receberá em primeiro lugar o credor que promoveu a execução, cabendo aos demais concorrentes direito sobre a importância restante, observada a anterioridade de cada penhora (art. 711, do CPC).

28.10. EMBARGOS DO DEVEDOR

Consistem os Embargos do Devedor, em modalidade de defesa do Executado, que visa evitar a eficácia executiva do título objeto do processo de execução e compreende um misto de ação e defesa[50], pois constituem uma nova relação jurídica no processo, desta feita, de conhecimento.

O Executado poderá opor-se à execução por meio de embargos sem que, contudo, tenha que oferecer prévia penhora, depósito ou caução (art. 736, do CPC).

É legitimado à oposição dos embargos o devedor que, por sua vez, figura como executado no processo de execução. Na eventualidade de que haja vários devedores, solidários entre si, qualquer deles poderá opor os embargos, mesmo que não sejam parte na ação de execução. Entretanto, sua matéria de defesa fica restrita à desconstituição do título executado.

Os embargos serão distribuídos por dependência, autuados em apartado e instruídos com as cópias processuais que entender relevantes à defesa de seu direito. Referidas cópias poderão ser declaradas

---

50 NERY JR, Nelson; NERY, Rosa Maria de Andrade. *Código de Processo Civil Comentado e Legislação Extravagante*. São Paulo: Revista dos Tribunais, 10ª ed., 2007, n. 16, p. 1.075.

autênticas pelo advogado, sob sua responsabilidade pessoal (parágrafo único, do art. 736, do CPC).

O prazo é de 15 dias e inicia-se da juntada do mandado de citação aos autos (art. 738, do CPC). Se houver mais de um executado, os prazos se iniciam a partir da juntada do mandado de citação de cada um deles individualmente, salvo tratando-se de cônjuges, quando se iniciará o prazo da juntada do último mandado de citação devidamente cumprido (art. 738, § 1º, do CPC).

Quando se tratar de citação por intermédio de Carta Precatória, a citação do executado será imediatamente comunicada pelo juiz deprecado ao juiz deprecante, inclusive por meios eletrônicos, contando-se o prazo para embargos a partir da juntada aos autos da referida comunicação (§ 2º, do art. 738, do CPC).

Não há concessão do benefício do prazo em dobro para litisconsortes com diferentes procuradores nos Embargos do Devedor, pois o § 3º, do art. 738, do CPC, expressamente proíbe a utilização deste benefício pelas partes em sede de embargos do devedor.

O juiz rejeitará liminarmente os embargos (art. 739, do CPC):

a) quando forem intempestivos;
b) quando inepta a petição ou,
c) quando forem manifestamente protelatórios.

Os embargos, em regra, não terão efeito suspensivo. Entretanto, o juiz poderá concedê-los a requerimento do embargante, se verificar relevantes os fundamentos e que o prosseguimento da execução possa causar manifesto dano de difícil ou incerta reparação ao executado. Neste caso, condicionará a concessão do efeito suspensivo à penhora, depósito ou caução suficiente à garantia da dívida (art. 739-A, § 1º, do CPC).

Vale ressaltar que o efeito suspensivo concedido poderá ser a qualquer momento modificado, desde que sejam alteradas as circunstâncias que motivaram a concessão, bem como serão parciais os efeitos se os embargos impugnarem apenas parte do objeto da execução (art. 739-A, §§ 2º e 3º, do CPC).

A concessão de efeito suspensivo para um dos executados não aproveita aos demais, quando o fundamento disser respeito apenas aos interesses do embargante (art. 739-A, § 4º, do CPC).

Por fim, a falta de efeito suspensivo aos embargos provoca a continuidade da execução, ou seja, a execução provisória do título executivo extrajudicial[51] (art. 587, do CPC).

Caso haja excesso de execução o embargante deverá declarar na petição inicial o valor que entende correto e apresentar a respectiva memória de cálculo, sob pena de rejeição liminar dos embargos ou de não conhecimento deste fundamento em específico (§ 5º, art. 739-A, do CPC).

Quando os embargos forem considerados manifestamente protelatórios o juiz imporá multa ao embargante e em favor do exequente, não superior a 20% do valor em execução (art. 740, parágrafo único, do CPC).

Em sede de Embargos à Execução, o embargante poderá alegar (art. 745, do CPC):

a) nulidade da execução, por não ser executivo o título apresentado;
b) penhora incorreta ou avaliação errônea;
c) excesso de execução ou cumulação indevida de execuções;
d) retenção por benfeitorias necessárias ou úteis, nos casos de título para entrega de coisa certa ou,
e) qualquer matéria que lhe seria lícito deduzir como defesa em processo de conhecimento.

Nos termos da atual legislação processual civil é possível ao executado parcelar seu débito, desde que no prazo para os embargos, o executado comprove o depósito inicial de 30% do valor do débito, incluindo custas e honorários de advogado, poderá requerer seja admitido pagar o restante em até 6 parcelas mensais, acrescidas de correção monetária e juros de 1% ao mês.

Se a proposta for deferida pelo juiz, o exequente levantará a quantia depositada e serão suspensos os atos executivos. Todavia, se indeferida, seguirão os atos executivos, mas fica mantido o depósito.

Por fim, vale ressaltar que o não pagamento de qualquer das prestações implicará, de pleno direito, o vencimento das subsequentes e o prosseguimento do processo, com o imediato início dos atos executivos, imposta ao executado multa de 10% sobre o valor das prestações não pagas e vedada a oposição de embargos (art. 745-A, do CPC).

---

51 MELO MONTEIRO, Vítor J. de. *et al.*. *Execução provisória do título executivo extrajudicial? Execução Extrajudicial – Modificações da Lei nº 11.382/2006*, São Paulo: Quartier Latin, 2007, p. 59.

Capítulo 29
PROCESSO CAUTELAR

O processo cautelar configura processo autônomo, tratado no Livro III, do Código de Processo Civil e que, portanto, demanda relação processual e objeto próprios. Sua finalidade é a de conservar, acautelar, assegurar a satisfação de uma pretensão formulada noutro processo, seja ele de conhecimento, ou mesmo de execução.

> *"Deveras, o processo de amadurecimento da decisão após a manifestação das partes impõe um lapso de tempo, por vezes prejudicial, posto que o objeto do juízo fica sujeito a mutações que pode frustrar o julgamento, quer por atos maléficos perpretados por uma parte contra o direito da outra antes do julgamento da causa, quer em função da própria natureza das coisas."*[52]

As cautelares nominadas, também denominadas "típicas"[53], são as expressamente definidas pelo Código de Processo Civil como, por exemplo, as cautelares de Arresto (arts. 813/821, do CPC), de Sequestro (arts. 822/825, do CPC), de Produção Antecipada de Provas (arts. 846/851, do CPC) etc.

De outra parte, as cautelares inominadas são "medidas atípicas" que, em que pese não estejam expressamente definidas no Código de Processo Civil, podem ser concedidas em razão do "Poder Geral de Cautelar", disposto no art. 798, do CPC.

---

[52] FUX, Luiz. *Curso de Direito Processual Civil* – Vol. II, Rio de Janeiro.: Forense, 2005, p. 305.
[53] SANTOS, Ernane Fidélis dos. *Manual de Direito Processual Civil* - Vol. 2. São Paulo: Saraiva, 4ª edição, 1996, p. 309.

29.1. CARACTERÍSTICAS DO PROCESSO CAUTELAR

São características do Processo Cautelar:

a) a autonomia;
b) a instrumentalidade;
c) a sumariedade da cognição;
d) a provisoriedade;
e) a revogabilidade;
f) a inexistência de coisa julgada material, e
g) a fungibilidade[54].

Autonomia: A autonomia está ligada à independência do processo cautelar em relação ao processo de conhecimento e de execução. Sendo assim, o processo cautelar, quando ajuizado, é tratado distintamente e autuado autonomamente, razão pela qual pode ter resultado diverso do processo principal. Vale lembrar que seu objetivo não é a satisfação de uma pretensão, mas sim resguardar a pretensão formulada em outro processo.

Instrumentalidade: O processo serve como instrumento de segurança de um outro processo, o denominado processo principal.

Sumariedade da Cognição: No processo cautelar há o que se conhece por sumariedade da cognição, pois não há conhecimento aprofundado do juiz neste processo, a própria natureza da cautelar, que demanda agilidade com vistas à proteção de um outro processo, comporta apenas uma análise superficial de seu objeto. No processo cautelar o juiz contenta-se com a verificação do *fumus boni juris*, ou seja, a mera fumaça de que um bom direito tenha sido invocado.

Provisoriedade: O processo cautelar dá origem à medida provisória, cuja função é proteger a efetividade dos processos de conhecimento ou de execução por determinado tempo. Note que o processo cautelar, com a tutela definitiva proferida no processo principal, exaure sua função, o que denota sua provisoriedade.

Revogabilidade: Considerando o aspecto protetivo da cautelar, uma de suas características é a revogabilidade, pois é dado ao juiz

---

[54] RIOS GONÇALVES, Marcus Vinicius. *Processo de Execução e Cautelar*, São Paulo: Saraiva, 11ª Edição, 2008, p. 121/129.

conceder ou revogar a medida cautelar, a qualquer momento, desde que modificada a situação fática que se quer proteger. A possibilidade de revogação da medida cautelar, que demonstra essa característica, vem descrita no art. 807, do CPC.

Inexistência de coisa julgada material: O próprio conhecimento superficial que é característico do processo cautelar, não permitiria que eventual decisão sobre ele pudesse ter força de coisa julgada material. Não significa dizer que essa característica possibilita, a todo momento, a renovação de um pedido em sede de processo cautelar, já realizado noutro processo, pois nesse caso aplica-se a regra do *non bis in idem*, e não a consequência de eventual coisa julgada. (Marcus Vinicius Rios Gonçalves, *Processo de Execução e Cautelar*, Saraiva, 11ª Edição, 2008, p. 126).

Fungibilidade: A fungibilidade é a possibilidade de o juiz conceder medida diversa daquela especificamente requerida pela parte, com vistas à proteção da pretensão formulada no processo principal. Por vezes, a medida cautelar requerida não é a realmente adequada, nesse caso, pela característica da fungibilidade do processo cautelar, não é crível que o juiz indefira o pedido. Pelo contrário, pode substituí-lo pela medida mais adequada.

Vale lembrar, por fim, que o art. 273, § 7º, acrescentado pela Lei nº 10.444/02, possibilita, inclusive, a fungibilidade entre as medidas cautelares e a tutela antecipada. Significa dizer que se a parte requerer tutela antecipada e o juiz entender fosse o caso de concessão de medida cautelar, poderá conceder a tutela cautelar em caráter incidental do processo principal.

29.2. PODER GERAL DE CAUTELA

Além das medidas cautelares especificamente previstas no sistema processual civil (cautelares nominadas), é dado à parte requerer ao juiz outras medidas, desde que objetivem assegurar a pretensão formulada no processo principal. A possibilidade de o juiz conceder essa medida, ainda que inominada, é conhecida por Poder Geral de Cautela e vem expressamente consignada no art. 798, do CPC.

29.3. DIFERENÇA ENTRE A TUTELA CAUTELAR E A TUTELA ANTECIPADA

Ambas são conhecidas como "tutelas de urgência". A tutela antecipada:

a) antecipa os efeitos de um pedido requerido ao final numa ação principal (art. 273, do CPC);
b) tem o mesmo resultado que seria atingido pela procedência da ação só ao final, com a eventual concessão do pedido formulado;
c) não está somente vinculada à urgência da medida, mas também pode ser concedida quando se verificar o manifesto propósito protelatório do Réu ou o abuso do direito de defesa e,
d) tem natureza satisfativa.

Já a tutela cautelar:

a) é deferida com vistas à proteção da pretensão formulada em outro processo que pode ser de conhecimento ou de execução;
b) por sua autonomia tem resultado diverso da ação principal, pois visa apenas protegê-la;
c) seu pedido está sempre vinculado a uma urgência, e
d) tem natureza de assegurar, proteger outro direito.

29.4. CLASSIFICAÇÃO DAS CAUTELARES

As cautelares, quanto ao momento de sua propositura, podem ser preparatórias ou incidentais (art. 796, do CPC).

As cautelares preparatórias são aquelas ajuizadas antes mesmo do processo principal com o objetivo de preservar ou instruir o processo principal. As cautelares incidentais são aquelas ajuizadas no curso do processo principal. Tratando-se de cautelar incidental será ajuizada perante o juízo da causa principal. No caso das cautelares preparatórias, o juízo competente será o mesmo para o julgamento da posterior ação principal (art. 800, do CPC).

Medidas cautelares concedidas *inaudita altera pars* são as medidas cautelares concedidas sem a oitiva prévia da parte contrária.

Vale lembrar que, em que pese seja autorizada referida medida pelo Código de Processo Civil, no seu art. 797, só deve ser utilizada pelo juiz em casos excepcionais.

De acordo com o art. 801, do CPC, petição da ação cautelar deverá conter:

a) a autoridade judiciária, a que for dirigida;
b) o nome, o estado civil, a profissão e a residência do requerente e do requerido;
c) a lide e seu fundamento;
d) a exposição sumária do direito ameaçado e o receio da lesão, e
e) as provas que serão produzidas.

Vale lembrar que o item "c" não será exigido no caso de medidas cautelares incidentais.

Além das condições gerais da ação (possibilidade jurídica do pedido, interesse processual e legitimidade das partes), o procedimento cautelar tem como pressupostos de procedência a *periculum in mora* (perigo da demora) e o *fumus boni juris* (fumaça do bom direito)[55].

O perigo da demora está presente na probabilidade de que eventual proteção tardia acautelatória possa causar dano a uma das partes da ação principal.

Já a fumaça do bom direito, se demonstra na plausibilidade do direito invocado pela parte, suficiente a justificar a medida cautelar pleiteada.

Na ação cautelar o Réu será citado para contestar o processo cautelar em 5 dias, devendo indicar as provas que pretende produzir. O prazo conta-se: a) da juntada aos autos do mandado de citação devidamente cumprido e b) da juntada aos autos do mandado da execução da medida cautelar, quando concedida liminarmente ou após justificação prévia (art. 802, do CPC).

É possível se falar em revelia no processo cautelar, pois de acordo com o art. 803, do CPC, não sendo contestado o processo cautelar, presumir-se-ão verdadeiros os argumentos do Autor (art. 319, do CPC), podendo o juiz, se for o caso, julgar a causa no prazo de 5 dias.

---

55 GRECO FILHO, Vicente. *Direito Processual Civil Brasileiro* – Vol. 3, São Paulo: Saraiva, 19ª edição, 2008, p. 169.

Concedida a cautelar preparatória, cabe à parte propor a ação principal no prazo de 30 dias, contados da data da efetivação da medida cautelar (art. 806, do CPC). Vale ressaltar que se trata de prazo de natureza decadencial.

A eficácia da medida cautelar cessa (art. 808, do CPC):

a) se a parte não intentar a ação principal no prazo 30 dias, contados da efetivação da medida cautelar;
b) se não for executada dentro de 30 dias e,
c) se o juiz declarar extinto o processo principal, com ou sem resolução do mérito (arts. 269 e 267, do CPC).

É possível se falar em responsabilidade do requerente da medida cautelar, pois consoante o disposto no art. 811, do CPC, o requerente da medida cautelar será responsável pelo prejuízo que a execução da medida causar ao requerido:

a) se a sentença no processo principal lhe for desfavorável;
b) se, obtida liminarmente a medida, o requerente não promover a citação do requerido dentro em 5 dias;
c) se ocorrer a cessação da eficácia da medida, em qualquer dos casos previstos no art. 808, do CPC, e
d) se o juiz acolher, no procedimento cautelar, a alegação de decadência ou de prescrição do direito do autor (art. 810, do CPC).

A indenização devida pelo requerente da medida cautelar será liquidada nos autos do procedimento cautelar (parágrafo único, do art. 811, do CPC).

29.5. CAUTELAR DE ARRESTO

Trata-se de medida cautelar nominada, expressamente abordada nos arts. 813/821, do CPC. Sua finalidade é apreender bens indeterminados do devedor, a fim de evitar que ele se desfaça de todo o seu patrimônio, frustrando o recebimento de crédito do credor, ou seja, busca-se a garantia para futura execução por quantia certa[56].

---

56 SHIMURA, Sergio Seiji. *Arresto Cautelar*, São Paulo: RT, 1993, p. 48.

O Arresto é cabível (art. 813, do CPC):

a) quando o devedor sem domicílio certo intenta ausentar-se ou alienar os bens que possui, ou deixa de pagar a obrigação no prazo estipulado;
b) quando o devedor, que tem domicílio se ausenta ou tenta ausentar-se furtivamente, ou então, caindo em insolvência, aliena ou tenta alienar bens que possui; contrai ou tenta contrair dívidas extraordinárias; põe ou tenta pôr os seus bens em nome de terceiros; ou comete outro qualquer artifício fraudulento, a fim de frustrar a execução ou lesar credores;
c) quando o devedor, que possui bens de raiz, intenta aliená-los, hipotecá-los ou dá-los em anticrese, sem ficar com algum ou alguns, livres e desembargados, equivalentes às dívidas e,
d) noutros casos expressos em lei (ex.: art. 1.997, § 1º, do CC).

Para a concessão do Arresto é necessário (art. 814, CPC):

a) prova literal da dívida líquida e certa;
b) prova documental ou justificação de algum dos casos do art. 813, do CPC;
c) que os bens arrestados sejam passíveis de penhora. Trata-se de requisitos cumulativos.

Vale lembrar que, em que pese seja exigida a prova literal da dívida líquida e certa, não se deve interpretar que o Arresto seria cabível apenas em sede de execução ou, eventualmente, após o trânsito em julgado de processo de conhecimento. Pelo contrário, a este requisito deve se dar interpretação flexível, podendo ser utilizado o Arresto, inclusive, como medida preparatória.

A petição inicial do Arresto deve cumular os requisitos dos arts. 282, 801, 813 e 814, todos do CPC.

Será dispensável a justificação prévia para a concessão do Arresto:

a) quando for requerido pela União, Estado ou Município, nos casos previstos em lei;
b) se o credor prestar caução (art. 804).

As partes legítimas ativa e passiva no Arresto são o credor e o devedor ou terceiro responsável pelo pagamento.

Com a concessão do arresto, o bem arrestado ficará na posse de um depositário, que poderá ser o próprio devedor, ocorrendo a conversão do Arresto em penhora se, eventualmente, for procedente a ação principal.

29.6. CAUTELAR DE SEQUESTRO

Trata-se de medida cautelar nominada, disposta nos arts. 822/825, do CPC. Sua finalidade é apreender um bem determinado que seja objeto da lide em um processo principal, para que ao final daquela demanda principal, seja o bem entregue ao vencedor.

O juiz pode decretar o sequestro (art. 822, do CPC):

a) de bens móveis, semoventes ou imóveis, quando lhes for disputada a propriedade ou a posse, havendo fundado receio de rixas ou danificações;
b) dos frutos e rendimentos do imóvel reivindicando, se o réu, depois de condenado por sentença ainda sujeita a recurso, os dissipar;
c) dos bens do casal, nas ações de separação judicial e de anulação de casamento, se o cônjuge os estiver dilapidando, e
d) nos demais casos expressos em lei (ex.: art. 919, do CPC).

Vale ressaltar que as hipóteses do art. 822, do CPC não são taxativas. Portanto, caberá ao juiz, no caso concreto, verificar a viabilidade da concessão do Sequestro, ainda que o pedido não esteja fundado especificamente em nenhum dos motivos do referido artigo.

O sequestro poderá ser ajuizado por quem eventualmente ajuizará a ação principal ou por aquele em face de quem a ação principal será proposta.

A petição inicial do arresto deve cumular os requisitos dos arts. 282, 801, 814, II, 822, todos do CPC. É imprescindível, ainda, que o requerente individualize o bem que pretende ver sequestrado.

O juiz procederá à escolha do depositário do bem sequestrado (art. 824, do CPC):

a) em pessoa indicada, de comum acordo, pelas partes;
b) em uma das partes, desde que ofereça maiores garantias e preste caução idônea.

A entrega do bem sequestrado se dará logo após a assinatura do compromisso pelo depositário. Vale dizer que, se houver resistência na entrega do bem, o depositário poderá solicitar ao juiz ajuda de força policial.

29.7. CAUTELAR DE BUSCA E APREENSÃO

Trata-se de medida cautelar nominada, disposta nos arts. 839/843, do CPC, cuja finalidade é a apreensão de pessoas, bens móveis ou semoventes, ou seja, a medida cautelar de busca e apreensão poderá ser pessoal ou real. O fato de atingir pessoas (art. 839, do CPC) é a grande característica diferenciadora da Busca Apreensão e das cautelares de Arresto e Sequestro, pois estas incidem somente sobre bens.

O mandado de busca e apreensão conterá:

a) a indicação da casa ou do lugar em que deve efetuar-se a diligência;
b) a descrição da pessoa ou da coisa procurada e o destino a lhe dar;
c) a assinatura do juiz, de quem emanar a ordem (art. 841, do CPC).

Os arts. 842 e 843, do CPC trazem, minuciosamente, o procedimento a ser adotado para o cumprimento do mandado de Busca e Apreensão, que deverá ser cumprido por dois oficiais de justiça, um dos quais o lerá ao morador, intimando-o para que a abra as portas. Se não atendidos, os oficiais de justiça arrombarão as portas externas, bem como as internas e quaisquer móveis onde presumam que esteja oculta a pessoa ou a coisa procurada.

Os oficiais de justiça serão acompanhados por duas testemunhas e, tratando-se de direito autoral ou direito conexo do artista, intérprete ou executante, produtores de fonogramas e organismos de radiodifusão, o juiz designará, para acompanharem os oficiais de justiça, dois peritos aos quais incumbirá confirmar a ocorrência da violação antes de ser efetivada a apreensão.

Por fim, terminada a diligência, os oficiais de justiça lavrarão auto circunstanciado, assinando-o com as testemunhas.

A petição inicial da Busca e Apreensão deve cumular os requisitos dos arts. 282, 801 e 840, do CPC que, por sua vez, determina que a petição inicial exporá as razões e justificativas da medida, bem como da ciência de estar a pessoa ou a coisa no lugar designado.

29.8. CAUTELAR DE PRODUÇÃO ANTECIPADA DE PROVAS

Trata-se de medida cautelar nominada, que pode ser preparatória ou incidental, disposta nos arts. 846/851, do CPC, cuja finalidade é a de produzir uma determinada prova antes da fase reservada à prova dos fatos alegados pelas partes. Verifica-se em circunstâncias excepcionais, para a coleta dos elementos de convicção necessários à instrução da causa, sob pena de perecimento da prova[57].

A Produção Antecipada da Prova pode consistir em interrogatório da parte, inquirição de testemunhas e exame pericial. Vale lembrar que a prova pericial se perfaz em exame, vistoria ou avaliação (art. 420, do CPC).

Para a viabilização da medida cautelar de antecipação de provas é necessária a verificação do perigo de perecimento do objeto da prova, ou mesmo da pessoa, no caso da necessidade de realização de prova testemunhal.

---

57 THEODORO JUNIOR. Humberto. Curso de Direito Processual Civil – Vol. II. Rio de Janeiro: Forense, 49ª edição, 2006, p. 593

É necessário, ainda, que o requerente justifique a necessidade da antecipação e mencione com precisão os fatos sobre que há de recair a prova (art. 848, do CPC).

É possível o interrogatório da parte ou a inquirição das testemunhas antes da propositura da ação, ou na pendência desta, mas antes da audiência de instrução:

a) se tiver de ausentar-se;
b) se, por motivo de idade ou de moléstia grave, houver justo receio de que ao tempo da prova já não exista, ou esteja impossibilitada de depor (art. 847, do CPC).

Será cabível a prova pericial quando houver fundado receio de que venha a tornar-se impossível ou muito difícil a verificação de certos fatos na pendência da ação (art. 849, do CPC). A prova pericial seguirá o procedimento estabelecido no rito ordinário (arts. 420/439, do CPC).

Por fim, feito exame pericial, os autos permanecerão em cartório, sendo lícito aos interessados solicitar as certidões que quiserem (art. 851, do CPC).

Capítulo 30
PROCEDIMENTOS ESPECIAIS

30.1. AÇÃO DE CONSIGNAÇÃO EM PAGAMENTO

A consignação é uma modalidade de extinção da obrigação disciplinada pelo direito material (art. 334, do CC). No âmbito processual, referida medida é viabilizada pela ação de consignação em pagamento (art. 890 e ss. do CPC), que consiste no depósito judicial ou extrajudicial da prestação devida, com a finalidade de exonerar a obrigação do devedor. Esta é a ação cabível ao devedor de se ver livre da obrigação quando o credor injustificadamente se recusa em receber o pagamento ou então quando existe uma circunstância impeditiva para a extinção do vínculo.

A consignação extrajudicial só pode ocorrer quando o pagamento recair sobre dinheiro. Neste caso, o devedor deposita a quantia em estabelecimento bancário oficial (ou em estabelecimento particular, na ausência do oficial), em conta com correção monetária, cientificando o credor por carta com aviso de recebimento, no prazo de 10 dias para que ele possa manifestar sua recusa (art. 890, § 1°, do CPC).

Se não houver recusa do credor, ou se esta for intempestiva, o devedor estará desobrigado e a quantia depositada permanecerá à disposição do credor (art. 890, § 2°, do CPC). O credor deve ser cientificado que a recusa deve ser feita por escrito no estabelecimento bancário. Havendo a recusa, o devedor ou terceiro deverá propor em 30 dias, contados da manifestação formal da recusa, a ação de consignação em pagamento (art. 890, § 3º, do CPC). Se a ação não for proposta em 30 dias, o depósito ficará sem efeito, podendo levantá-lo o depositante (art. 890, § 4°, do CPC).

O autor da ação de consignação em pagamento é o devedor da prestação consignada ou os seus sucessores. Também têm legitimidade ativa os terceiros, que tanto podem ser interessados ou não interessados (arts. 304 e 305, do CC e 890, *caput,* do CPC).

Em regra, o réu da ação de consignação em pagamento é o credor que se encontra em mora. Havendo dúvida sobre quem seja o credor, serão legitimados passivos todos aqueles que disputam o crédito ou se mostram como possíveis credores. A ação deve ser proposta no lugar do pagamento (art. 891, do CPC) ou no local em que se acha a coisa devida (art. 891, parágrafo único, do CPC). Já nos casos de consignação em pagamento de aluguel e acessórios da locação, o foro competente é do lugar da situação do imóvel (art. 58, II, da Lei 8.245/91).

Tratando-se de prestações periódicas, o devedor, após consignar a primeira, continuará efetuando o depósito das demais que forem vencendo, no mesmo processo e sem formalidades, desde que os depósitos sejam efetuados em até 5 dias, contados da data do vencimento (art. 892, do CPC).

Além dos requisitos do art. 282, do Código de Processo Civil, o Autor, na petição inicial da Consignação em Pagamento, requererá:

a) o depósito da quantia ou da coisa devida no prazo de 5 dias, contados do deferimento pelo juiz, e
b) a citação do réu para levantar o dinheiro ou apresentar resposta (art. 893, do CPC).

Tratando-se de coisa indeterminada, a escolha da prestação pode competir tanto ao credor como ao devedor. Se a escolha é do devedor, ele indicará na petição inicial qual foi a prestação eleita e a oferece ao credor. Entretanto, se a opção for do credor, este será citado para:

a) exercer o seu direito em 5 dias, no prazo da lei ou do contrato; ou
b) aceitar que o devedor exerça o seu direito e comparecer no lugar, dia e hora designados pelo juiz para receber a prestação (art. 894, do CPC).

Havendo dúvida sobre quem deva legitimamente receber o pagamento, o autor requererá o depósito e a citação dos que disputam ou possam vir a disputar a coisa para provarem o seu direito (art. 895, do CPC). Em se tratando de credor desconhecido, a citação será feita através de edital.

De acordo com o art. 896, do CPC, a contestação do réu apenas poderá alegar que:

a) inexistência de recusa ou mora em receber a prestação;
b) houve recusa, mas foi justa;
c) o depósito foi efetuado fora do prazo ou do lugar do pagamento;
d) insuficiência do depósito (neste caso o réu deverá indicar o montante que entende devido).

Permanecendo inerte o réu, se ocorrerem os efeitos da revelia, o juiz julgará procedente o pedido declarando extinta a obrigação e condenará o réu nas custas e honorários advocatícios (art. 897, do CPC).

Quando ocorrer o não comparecimento de nenhum pretendente, quando a consignação se fundar em dúvida sobre quem deva legitimamente receber, o juiz decidirá de plano, julgando procedente o pedido do autor. O depósito será convertido em arrecadação de bens de ausentes e confiado a um curador, até que eventual interessado venha a provocar seu levantamento, mediante comprovação de seu direito (art. 898, do CPC).

Caso o réu, em sede de contestação alegue que o depósito realizado apresentasse incompleto, faculta-se ao autor complementar o depósito em 10 (dez) dias, desde que o inadimplemento da prestação não acarrete a rescisão do contrato (art. 899, *caput,* do CPC).

30.2. AÇÕES POSSESSÓRIAS

As ações possessórias visam à tutela jurisdicional da posse. O Código de Processo Civil relaciona como possessórias:

a) a manutenção e a reintegração na posse (art. 926 e seguintes, do CPC), e
b) o interdito proibitório (arts. 932 e 933, do CPC). Tratam-se das ações possessórias *stricto sensu* e tem por finalidade defender a posse (direta ou indireta), não se discutindo a propriedade.

Nos termos do art. 920, do CPC, a fungibilidade possibilita que, no caso de que seja proposta uma dessas ações em vez de outra, o juiz conheça do pedido e conceda a proteção legal correspondente àquela, cujos requisitos sejam provados.

É possível a cumulação de outros pedidos na ação possessória, além do de proteção da posse. Segundo o art. 921, do CPC, além do pedido possessório é possível cumular:

a) condenação em perdas e danos, e
b) cominação de pena em caso de nova turbação ou esbulho.

Na ação possessória, o réu está autorizado a usar a própria contestação para formular pedido em seu favor. Assim, o legitimado passivo pode alegar que a sua posse é que foi ofendida e requerer tutela possessória contra o autor, independente de reconvenção (art. 922, do CPC).

Não se admite que Autor e Réu, na pendência de processo possessório, intentem ação de reconhecimento de domínio, pois nos termos do art. 923, do CPC e proibida a propositura de ação que busque o reconhecimento de propriedade na pendência de ação possessória.

As ações de manutenção e de reintegração de posse variam de rito conforme sejam propostas dentro ou depois de ano e dia da turbação do esbulho (art. 294, do CPC). A ação possessória de força nova segue procedimento especial (conforme arts. 926 a 931, do CPC) e ocorre quando a demanda for proposta dentro de ano e dia da turbação do esbulho. Passado este prazo, tem-se a ação possessória de força velha, que obedece o rito ordinário.

Quando o réu assim requerer, sob o argumento de que o autor não teria idoneidade financeira para arcar com os prejuízos será necessária a prestação de caução pelo autor na ação possessória, caso não tenha a tutela a seu favor (art. 925, do CPC).

Em caso de turbação da posse (art. 926, primeira parte, do CPC), ou seja, quando existe ato de agressão à posse do autor, porém este ainda não foi privado completamente de sua posse. Assim que ocorrer o esbulho (art. 926, *in fine,* do CPC), isto é, quando o possuidor já perdeu a posse em razão dos efeitos da conduta violadora será necessária a reintegração na posse.

Em sede de ação possessória, de acordo com o art. 927, do CPC, o autor deverá provar:

a) a posse,
b) a turbação ou esbulho praticado pelo réu,
c) a data em que a posse foi violada, e
d) a continuação ou a perda da posse, conforme o caso.

Nas ações de manutenção e reintegração de posse a petição inicial deve conter os requisitos dos arts. 282 e 283, do CPC. Recebendo a petição inicial, o juiz deferirá a expedição do mandado liminar de manutenção ou reintegração. Todavia, caso não restem demonstrados os requisitos da tutela possessória liminar, o juiz citará o réu para comparecer à audiência de justificação prévia (art. 928, do CPC). Realizada a audiência de justificação e estando presentes os requisitos da tutela possessória, o juiz julgará esta procedente, expedindo mandado de manutenção ou reintegração (art. 929, do CPC). Concedido ou não o mandado liminar, o réu deverá ser citado para contestar a ação em 5 dias (art. 930, do CPC).

O interdito proibitório consiste em uma tutela de natureza preventiva e é cabível sempre que houver receio de que o possuidor seja molestado na posse. Trata-se de uma demanda proibitória para impedir que qualquer ameaça seja concretizada, sob pena de cominação de multa em caso de descumprimento de ordem judicial (art. 932, do CPC).

30.3. EMBARGOS DE TERCEIRO

Os embargos de terceiro consistem em uma ação de procedimento especial que visa a liberação de bem de terceiro, ilegalmente apreendido em demanda judicial (art. 1.096, *caput*, do CPC). Trata-se de um *"..remédio processual que a lei põe à disposição de quem, não sendo parte no processo, sofre turbação ou esbulho na posse de seus bens por ato de apreensão judicial, em casos como o de penhora, arresto, sequestro, alienação judicial, arrecadação, arrolamento, inventário, partilha etc."*[58].

O terceiro que não é parte da relação jurídica, exceto o § 2º, do art. 1.046, do CPC, que permite a legitimidade de pessoa que figura no processo, porém, pela peculiaridade da situação, não pode ser atingido pela apreensão judicial.

Nos casos em que o terceiro sofre turbação ou esbulho na posse de seus bens por apreensão judicial, como por exemplo: penhora, depósito, arresto, sequestro, alienação judicial, arrecadação, arrolamento, inventário e partilha (art. 1.046, do CPC). O elenco dos casos mencionados no art. 1.046, do CPC é meramente exemplificativo. Os Embargos de Terceiro também são admissíveis:

a) para a defesa da posse, quando nas ações de divisão ou de demarcação, o imóvel for sujeito a atos materiais preparatórios ou definitivos, da partilha ou fixação de rumos, e
b) para o credor com garantia real obstar alienação judicial do objeto da hipoteca, penhor ou anticrese (art. 1.047, do CPC).

Os Embargos podem ser opostos a qualquer tempo no processo de conhecimento, desde que a sentença não tenha transitado em julgado. Já no processo de execução, os Embargos poderão ser opostos desde a constrição do bem até 5 dias após a arrematação, adjudicação ou remição, mas sempre antes da assinatura da respectiva carta (art. 1.048, do CPC).

A competência é do mesmo juiz que ordenou a apreensão. Assim, os embargos serão distribuídos por dependência e correrão em autos apartados (art. 1.049, do CPC).

O embargante, observando os termos dos arts. 282 e 283, do CPC, fará a prova sumária da sua posse e de sua qualidade de terceiro, oferecendo documentos e eventual rol de testemunhas (arts. 1.050, do CPC). Se o juiz entender que a posse foi devidamente provada, concederá restituição liminar do bem em favor do embargante, determinando a expedição do mandado de manutenção ou reintegração, que só receberá

---

[58] THEODORO JUNIOR, Humberto. *Curso de Direito Processual Civil - Procedimentos Especiais* – Vol. III, Rio de Janeiro: Forense, 39ª edição, p.302.

os bens depois de prestar caução, para garantir sua devolução e a de seus rendimentos (art. 1.051, do CPC).

Caso dos Embargos de Terceiro versarem sobre todos os bens, ou então, sobre parte deles, o juiz determinará a suspensão do curso da ação principal. Em se tratando de apenas alguns bens, prosseguirá o processo principal somente quanto aos bens não embargados (art. 1.052, do CPC).

30.4. AÇÃO MONITÓRIA

A ação monitória é um procedimento de cognição sumária que possui um rito especial e tem como objetivo principal alcançar a eficácia de título executivo de forma antecipada e sem as delongas do processo de conhecimento. A ação monitória poderá desencadear, de acordo com a conduta do réu, um procedimento cognitivo ou executivo. Portanto, *"de acordo com este instituto, o credor, em determinadas circunstâncias, pode pedir ao juiz, ao propor a ação, não a condenação do devedor, mas desde logo a expedição de uma ordem ou mandado para que a dívida seja saldada no prazo estabelecido em lei."*[59]

Compete a Ação Monitória àquele que reclama pagamento de soma em dinheiro, entrega de coisa fungível ou bem móvel determinado, tendo como base prova escrita sem eficácia de título executivo (art. 1.102-A, do CPC).

Ao receber a petição inicial da Ação Monitória, estando apta a petição inicial e após verificar a prova do direito do autor, o juiz deferirá de plano a expedição do mandado de pagamento ou de entrega da coisa no prazo de 15 dias (art. 1102-B, do CPC).

Oferecido os Embargos dentro de 15 dias, o mandado de pagamento ficará suspenso e a ação se converterá em rito ordinário. Entretanto, se os embargos não forem opostos, o título executivo judicial estará automaticamente constituído, convertendo-se o mandado inicial em mandado executivo e a partir de então a demanda prosseguirá na forma do processo de execução (art. 1102-C, do CPC).

Citado o réu, no caso de cumprimento integral do mandado de pagamento, a lei faculta o cumprimento espontâneo do mandado, isentando-o de custas e honorários advocatícios (art. 1102-C, § 1º, do CPC).

---

[59] THEODORO JUNIOR, Humberto. Curso de Direito Processual Civil - Procedimentos Especiais – Vol. III, Rio de Janeiro: Forense, 39ª edição, p.362.

Para a oposição de embargos à ação monitória, não é necessária a prévia garantia do juízo (art. 1102-C, § 2º, do CPC).

Caso os Embargos sejam rejeitados, a execução terá início, pois a sentença converterá a ação monitória em execução de título judicial. Assim, o mandado monitório será convertido em mandado executivo e o devedor será intimado para pagar ou segurar o juízo (art. 1.102-C, § 3º, do CPC).

BIBLIOGRAFIA

ALBUQUERQUE ROCHA, José de. *Teoria Geral do Processo*, São Paulo: Malheiros, 6ª edição, 2002, 309 p.

APRIGLIANO, Ricardo de Carvalho. *A Apelação e seus efeitos*, São Paulo; Atlas, 2003, 298 p.

ARRUDA ALVIM, Eduardo. *Curso de Direito Processual Civil* – Vol. 1, São Paulo: RT, 1ª edição, 2ª tiragem, 2000, 780 p.

ARRUDA ALVIM, José Manoel. *Manual de Direito Processual Civil* – Vol. 2, São Paulo: RT, 12ª edição, 2008, 735 p.

ARRUDA ALVIM WAMBIER, Teresa. *Os Agravos no CPC Brasileiro*, São Paulo: RT, 3ª edição, 2000, 565 p.

ARRUDA ALVIM PINTO, Teresa. *Agravo de Instrumento*, São Paulo: RT, 1ª Ed. 2ª tiragem, 1993, 296 p.

ASSIS, Araken de. *Manual de Recursos*. São Paulo: RT, 2007, 960 p.

BARBOSA MOREIRA, José Carlos, *Comentários nº 137*, p. 236, *apud* Araken de Assis. *Manual de Recursos*, RT, p.35

CARRILHO LOPES, Bruno Vasconcelos. et al. *Súmula Vinculante – Lei nº 11.417/06. As novas reformas do CPC e de outras normas processuais*, São Paulo: Saraiva, 2008, 447 p.

CHIOVENDA, Giuseppe. *Princípios de Derecho Processal Civil*. Jose Casais y Santaló (trad.) Madrid Reus, 2000, t. 1, pp. 373 e segs.

CONRADO, Paulo César. *Teoria Geral do Processo*, São Paulo: Editora Federal, 2007, 93 p.

COSTA MACHADO, Antônio Carlos. *Código de Processo Civil Interpretado – Artigo por artigo, parágrafo, por parágrafo*, Barueri: Manole, 7ª edição, 2008, p. 67.

DINAMARCO. Cândido Rangel. *A Reforma do Código de Processo Civil*. São Paulo: Malheiros, 5ª edição, 2001, 430 p.

DINAMARCO, Cândido Rangel, et al. *Teoria Geral do Processo*, São Paulo: Malheiros, 15ª edição, 1999, 358 p.

DINAMARCO, Cândido Rangel, et al. *Teoria Geral do Processo*, São Paulo: Malheiros, 24ª edição, 2008, 384 p.

DINAMARCO, Cândido Rangel. *Litisconsórcio*, São Paulo: Malheiros, 7ª edição, 2002, 415 p.

DINAMARCO, Cândido Rangel, et al., *Teoria Geral do Processo*, São Paulo: Malheiros, 15ª edição, p. 129.

FREIRE E SILVA, Bruno et al.. *O novo sistema de substituição da penhora no Código De Processo Civil reformado*. Execução Civil e Cumprimento de Sentença – Vol. 2, São Paulo: Método, 2007, 576 p.

FUX, Luiz. *Curso de Direito Processual Civil* – Vol. II, Rio de Janeiro.: Forense, 2005, 576 p.

GRECO FILHO, Vicente. *Direito Processual Civil Brasileiro* – Vol. 3, São Paulo: Saraiva, 19ª edição, 2008, 401 p.

LIMA, Alcides de Mendonça. *Introdução aos Recursos Cíveis*, São Paulo: RT, 2ª edição, 1976, 426 p.

LIMA FREIRE, Rodrigo da Cunha. *Condições da Ação – Enfoque sobre o interesse de agir*, São Paulo: RT, 2ª edição, 2001, 206 p.

MANCUSO, Rodolfo de Camargo. *Recurso Extraordinário e Recurso Especial*, São Paulo: RT, 9ª edição, 2006, 445 p.

MARINONI, Luiz Guilherme; MITIDIERO, Daniel. *Repercussão Geral no Recurso Extraordinário*, São Paulo, RT, 2007, 94 p.

MARQUES, José Frederico. *Instituições de Direito Processual Civil* - Vol. IV. Campinas: Millennium, 1ª Ed., 2000, atualizada por Ovídio Barros Sandoval, 464 p.

MARTINS, Pedro Batista. *Recursos e Processos de Competência Originária dos Tribunais*, 1957, p. 144, apud, MARQUES, José Frederico, *Instituições de Direito Processual Civil* - Vol. IV, Millennium, 1ª ed., 2000, atualizada por Ovídio Barros Sandoval, p. 1.

MIRANDA, Gilson Delgado; PIZZOL, Patrícia Miranda. *Processo Civil – Recursos*, São Paulo: Atlas, 3ª edição, 2002, 174 p.

MIRANDA, Pontes de. *Comentários ao Código de Processo Civil* – Tomo VII – arts. 496 a 538, Forense: Rio de Janeiro, 2002, 3ª edição, 383 p.

MELLO MONTEIRO, Vítor J. de. et al.. *Da multa no cumprimento de sentença. Execução Civil e Cumprimento de Sentença* – Vol. 1, São Paulo: Método.

MELLO MONTEIRO, Vítor J. de. et al.. *Execução provisória do título executivo extrajudicial?. Execução Extrajudicial – Modificações da Lei nº 11.382/2006*, São Paulo: Quartier Latin, 2007, 503 p.

NEGRI, Marcelo. *Embargos Infringentes: apelação, ação rescisória e outras polêmicas*, Belo Horizonte: Del Rey, 2007, 349 p.

NERY JUNIOR, Nelson. *Teoria Geral dos Recursos*. São Paulo: RT, 6ª edição, 2004, 698 p.

NERY JR, Nelson; NERY, Rosa Maria de Andrade. *Código de Processo Civil Comentado e Legislação Extravagante*. São Paulo: Revista dos Tribunais, 10ª .ed., 2007. 1823 p.

PEREIRA BRAGA, Antonio. *Exegese do Código de Processo Civil*, São Paulo, Max Limonad, 4º v., s/d.

RIOS GONÇALVES, Marcus Vinicius. *Processo de Execução e Cautelar*, São Paulo: Saraiva, 11ª Edição, 2008, 191 p.

SALAMACHA, José Eli. *Fraude à Execução – Direitos do credor e do adquirente de boa-fé*, São Paulo: RT, 2005, 319 p.

SANTOS, Ernane Fidélis dos. *Manual de Direito Processual Civil - Vol. 2*. São Paulo: Saraiva, 4ª edição, 1996, 409 p.

SEQUEIRA DE CERQUEIRA, Luis Otávio. et al.. *Nova Execução de Título Extrajudicial – Lei nº 11.382/06 – Comentada artigo por artigo*, São Paulo: Método, 2007, 271 p.

SCARPINELLA BUENO, Cássio. *Curso Sistematizado de Direito Processual Civil – Vol. 2 – Tomo I*, São Paulo: Saraiva, 2007, 562 p.

SHIMURA, Sergio Seiji. *Arresto Cautelar*, São Paulo: RT, 1993, 355 p.

THEODORO JUNIOR. Humberto. *Curso de Direito Processual Civil – Vol. I*. Rio de Janeiro: Forense, 44ª edição, 2006, 815 p.

THEODORO JUNIOR. Humberto. *Curso de Direito Processual Civil* – Vol. II. Rio de Janeiro: Forense, 49ª edição, 2006, 804 p.

THEODORO JUNIOR, Humberto. *Curso de Direito Processual Civil* – Vol. III, Rio de Janeiro: Forense, 39ª edição, 2008, 656 p.

YARSHELL, Flávio Luiz. *Ação Rescisória - Juízos Rescindente e Rescisório*, São Paulo: Malheiros, 2005, 437 p.

WAMBIER, Luiz Rodrigues. *et. al. Curso Avançado de Processo Civil* – V. 1, São Paulo: RT, 9ª edição, 2006/2007, 652 p.

WAMBIER, Luiz Rodrigues. et. al. Curso Avançado de Processo Civil – V. 2, São Paulo: RT, 8ª edição, 2006, 400 p.